AF578125

Textes de
Joseph FRAGOMENI

Dépôt légal : novembre 2022

MAZARIN

RENCONTRE AVEC LES STARS

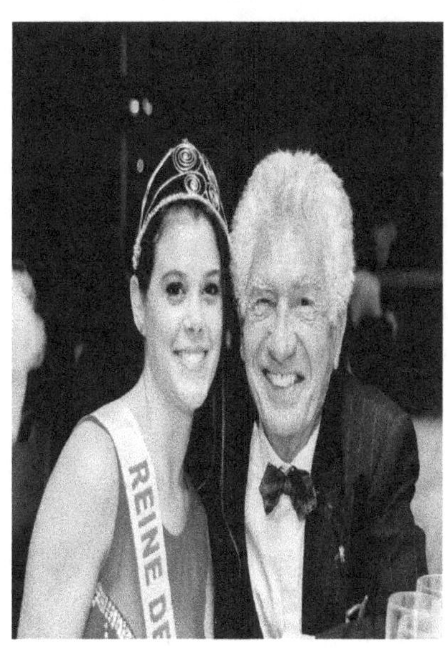

DU MÊME AUTEUR

LIVRES

MAZARIN
Une passion pour les Stars
Dépôt légal : Paris juillet 2011
ISBN: 978-2-35551-147-9

Recueil de poésies, chansons, lettres d'amour, proverbes
Dépôt légal : Paris : 2005
Déposé : Bibliothèque Nationale de france

CHANSONS

160 CHANSONS, DONT 14 DÉPOSÉES À LA SACEM

Abandonnée
Les Poulbots de Paris
Je t'aime
L'anniversaire
Seul
Tanga
Pompéi
La nuit
Le voyage

MISE EN SCENE

Les Misérables
Le Comte de Monte-Cristo
La révolution française, évocation historique
Théâtre de Lesparre- Mise en scène Mazarin

MAZARIN

RENCONTRE AVEC LES STARS

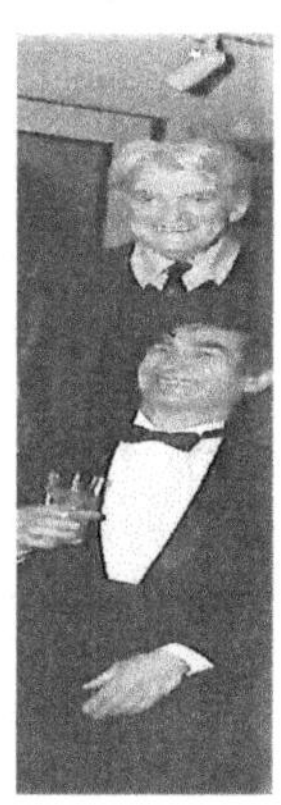

1ère de couverture :

Fragomeni, Michou et Ségatti -Musée MAZARIN

JOSEPH FRAGOMENI
RENCONTRE AVEC LES STARS

SOMMAIRE

RENCONTRE AVEC LES STARS

Texte de Joseph FRAGOMENI

PRÉFACE D'AMARANDE

Lorsque j'ai rencontré Mazarin, je ne pouvais pas imaginer un seul instant que notre amitié allait durer tant d'années.

C'était l'époque où je jouais à la télévision « Au théâtre ce soir » où des millions de téléspectateurs pouvaient me voir jouer. Mazarin en faisait partie. Et puis un jour, j'ai poussé la porte de sa modeste boutique, rue du pas de la Mule, près de la Place des Vosges, et là surprise pour Mazarin !!

En me voyant, il s'est exclamé avec son joli accent italiano « Oh ! Amarande ! Quelle joie vous me donnez. Permettez-moi de vous baiser la main ! » Depuis ce jour-là, nous ne nous sommes jamais quittés. Il m'a créé une ligne de tailleur exclusif. Et trente ans plus tard, je garde encore ces modèles.

Mazarin est un homme fabuleux, toujours curieux de vous rencontrer, avec un sourire étonnant et une gentillesse sans égal. D'ailleurs dans sa boutique, toutes les stars de cinéma et de théâtre s'y retrouvaient, son salon était le centre du monde. J'ai d'ailleurs un jour rencontré dans sa boutique, Ester Gordon et Herbie Hancock, pour le film « Autour de Minuit » de Bertrand Tavernier.

Je ne savais pas que Giuseppe était déjà connu des médias, c'est en compulsant le magazine « Le Figaro Madame », que j'ai découvert Mazarin au milieu de cinq stars du cinéma. Le titre c'était « Le petit italien qui fascine nos stars ». En effet il m'a fascinée, Mazarin, de son vrai nom Giuseppe Fragomeni.

Chaque fois que j'étais invitée dans un gala, c'était mon porte-bonheur, toujours à mes côtés, on passait des heures à bavarder. Je lui parlais de moi, et lui de sa vie. Car notre Giuseppe est très bavard, mais intéressant. Il aimait toutes mes pièces de théâtre, d'ailleurs vingt-cinq ans après notre rencontre, j'ai monté la mienne « Le cœur gros ». Partout où j'ai joué cette pièce, il était toujours assis au premier rang pour m'applaudir. Il l'a vu de nombreuses fois, et à la fin, il venait toujours dans ma loge pour me féliciter.

Aujourd'hui, c'est toujours mon ami, mon copain… Cela fait chaud au cœur d'avoir une amitié si belle, si pure.

Je pense que le livre qu'il vient d'écrire est une belle revanche sur la vie et sur son enfance difficile. C'est un bel exemple de la volonté d'un être humain. Il pourra toujours compter sur mon amitié.

AMARANDE

AVANT-PROPOS DE L'AUTEUR

Ce matin le 31 mai 2007 tous les médias annoncent la mort de Jean-Claude Brialy survenue la vieille. J'ai connu ce grand artiste, que j'ai habillé à maintes occasions et cette annonce me fait repenser au long parcours qui m'a amené à cette rencontre, à la sienne et à celle de tant d'autres comme lui, et me voilà à la recherche du temps passé...

En Italie du Sud au centre de la Calabre dans un petit village accroché en haut d'une colline une vieille dame a laissé au fond d'un tiroir dans une commode un journal intitulé « de1905 à 1942 ».

Sur la première page, on pouvait lire :

« Aujourd'hui 22 février 1905 vient de naître une petite fille qui se prénomme Maria ». Oui Maria, car en Calabre 90% de la population est catholique et pratiquante et souvent les enfants portent les noms des apôtres et des saints. La mère de Maria s'appelait Marie-Rose Gaetano, son père, Rocco Napoli était fossoyeur au cimetière du village. Maria a aussi un frère et une sœur. Elle vit très heureuse jusqu'à l'âge de sept ans, lorsque sa mère meurt. Cette mort reste un mystère. Son père se trouve seul et désemparé, et Maria se retrouve responsable de famille, et de l'entretien du ménage…

Alors, Rocco, prends une sage décision : celle de se remarier. En effet il a trouvé une jolie fille, et c'est ainsi que Maria reprend le cours de son enfance. Mais le bonheur est de courte durée, car la deuxième maman met au monde deux enfants : un garçon Nicolas et une fille Rosa. Alors Maria doit de nouveau aider aux travaux ménagers.

Maria grandit. Elle a maintenant dix ans et elle est très jolie. Mais voilà que le destin frappe à nouveau. La deuxième maman meurt. Maria se retrouve orpheline pour la deuxième fois et le père se trouve veuf avec cinq enfants sur les bras.

Alors Rocco avec tous ses enfants prend une décision : trouver une troisième épouse. Cela ne traîne pas trop longtemps et on présente à Rocco sa troisième femme. Elle est ravissante, et son nom est Stella comme l'étoile. Cette fois-ci, c'est la bonne personne. Elle met au monde encore deux enfants, un garçon et une fille.

La vie de Maria continue. Elle a quatorze ans, d'une beauté rare, elle travaille beaucoup, mais en même temps joue avec ses demi-frères et sœurs. Par ailleurs les gens du village se posent des questions sur Rocco, car voir le fossoyeur enterrer toutes ses femmes qui n'ont pas connu la maladie et étaient en pleine jeunesse reste un mystère ! Mystère du début du vingtième siècle ...

Le temps passe toujours au même rythme. Maria vient de fêter ses dix-huit ans. Je voudrais vous parler de sa beauté.

On l'a appelé la fille du soleil tellement elle était jolie. Elle ne mesurait pas plus d'un mètre cinquante, elle avait de magnifiques yeux marrons foncés, une bouche bien dessinée et pulpeuse, un menton bien rond, des fossettes sur le creux des joues, les pommettes du visage assez hautes, les cheveux noirs et très longs. Elle portait souvent une longue jupe noire, un chemisier blanc ras du cou bordé de dentelle et un petit bustier bordeaux très serré et court.

Maria ne sort jamais, ne vois personne, mais, une fois, elle s'accoude à la fenêtre pour regarder dehors et voit passer un charmant garçon qui habite le village. C'est le coup de foudre entre eux, il faut dire que Maria n'avait jamais vu aucun autre jeune homme pour faire la comparaison. Enfin elle est amoureuse. Le garçon est complètement fou d'elle. À partir de ce jour, il vient tous les soirs à dix-neuf heures avec sa guitare et lui chante des chansons d'amour, des chansons de la fin du 19e siècle. Ces chansons, Maria ne les a jamais oubliées et les a chantées toute sa vie. Mais parfois les amants ne peuvent pas aller au bout de leur amour, car au début du 20e siècle les obstacles étaient énormes.

C'est le cas pour Maria. Son père Rocco Napoli avait en tête une autre vision des choses pour sa fille, c'est-à-dire que lui-même étant très pauvre, car il fallait nourrir ses sept enfants, il voulait trouver pour sa fille un homme riche, tout du moins à l'aise. Il ne pouvait pas donner Maria à ce garçon pauvre et bon à rien. Stella la troisième épouse de Rocco, elle, ne s'opposait pas à cette union avec l'homme que Maria aimait parce qu'elle aussi avait connu l'amour ; mais en 1900 c'est le père qui commande.

Un jour Rocco parle avec un entremetteur pour qu'il trouve un parti pour sa fille. Cela ne tarde pas. Un mois après on présente à la famille Napoli un garçon d'une autre ville. Il était cordonnier de métier, fils unique d'une famille de paysans qui possédaient beaucoup de terrains et, de ce fait, étaient riches. Ce garçon s'appelait Antoine et il avait aussi une maison. Donc c'était un bon parti pour la famille de Rocco. Ni une ni deux : les parents prennent la décision de marier Maria avec Antoine. Ils prennent rendez-vous un samedi après-midi pour présenter à Maria son futur fiancé. Les parents ont fait asseoir Maria sur une chaise au fond de la pièce. En attendant que la porte s'ouvre, les yeux baissés elle tremble comme une feuille, car elle ne sait pas à quoi s'attendre. Enfin le garçon entre, il reste à un mètre de la porte pour regarder la jeune fille, mais quand Maria lève les yeux et voit le jeune homme petit et infirme avec un pied bot, elle tombe et de la chaise et s'évanouit. Quand elle se remet de ses émotions, elle profère un non catégorique, mais avec son père il est interdit de dire Non.

Alors la pauvre Maria ne dort plus, ne mange plus. Elle pense à ce garçon qu'elle aimait tant, à ce garçon qui tous les soirs à sept heures venait lui chanter des mots d'amour. Elle réussit à sortir voir sa voisine pour qu'elle intervienne auprès de ses parents et parler en faveur de son amoureux, mais ces derniers têtus comme des mulets ne veulent pas revenir sur leur décision et de toute façon, c'était trop tard, l'accord entre parents était signé par une poignée de main.

Le garçon à la guitare (on ne connaît pas son nom) très amoureux ne savait plus que faire. Un jour, caché derrière un buisson et voyant Antoine le fiancé venir voir Maria, il l'attrape par le bras manque de le faire tomber (car avec son infirmité Antoine ne tenait pas debout) et essaye de le convaincre de son amour pour Maria. Mais c'est du temps perdu, Antoine ne veut rien savoir, lui aussi est amoureux.

Alors pour se venger le garçon lui mord une oreille et part en lui disant « ce n'est pas fini ! ».

Le beau garçon a essayé de parler avec tous les voisins pour qu'ils essayent de convaincre Rocco, mais c'était peine perdue. Alors tellement amoureux, fou, désespéré de ne plus voir Maria, il monte en haut d'un toit, sort un pistolet de sa ceinture et se tire une balle en pleine tête. Il s'écroule jusqu'au sol et les voisins, stupéfaits, entourent son corps qui gisait par terre dans son sang. C'était la fin d'un grand amour.

Mais c'est Rocco qui l'a pris dans ses bras et c'est lui qui l'a enterré au cimetière. Le chagrin de Maria était si grand qu'elle voulait mettre fin à ses jours, mais heureusement elle était trop surveillée par ses parents, ses frères et sœurs, et pressée de tous les côtés, accepte de se marier. Les noces seront célébrées le 1er janvier 1925, Maria venait d'avoir juste vingt ans. Le mariage fut célébré au petit village de la jeune fille c'est-à-dire à Planica et aussitôt les jeunes mariés sont partis s'installer dans la villa d'Antoine, une très jolie villa balnéaire posée entre la mer et la montagne.

La maison d'Antoine était située dans une impasse Vico Dromo. Le quartier s'appelait en patois Via de Pignate, (rue des pots de terre cuite). Cette maison a été offerte par le père, Domenico Fragomeni, remarié avec une femme qui avait quatre enfants d'un premier mariage, mais Antoine était l'enfant unique de sa première femme.

Maria était bien installée dans sa nouvelle maison, elle ne manquait de rien. Ils avaient un jardin qui produisait des légumes et ils ne payaient pas de loyer, alors tout allait pour le mieux, le père d'Antoine venait les voir tous les jours, il apportait de l'argent et des vivres, comme je l'ai déjà dit il était très riche. Antoine était handicapé, mais, au fond, il avait un joli visage. Petit à petit Maria a commencé à s'attacher à son mari et à lui donner beaucoup d'amour. En effet elle s'est mariée le 1er janvier 1925 et le 27 janvier 1926 elle mettait au monde un bébé, une fille nommée Carmela.

Antoine en tant que cordonnier passait un peu de son temps à réparer des chaussures, mais son occupation première était d'honorer Maria, car la voilà encore enceinte. Le 28 juillet elle met au monde une fille qui porte le nom d'Émilia. Antoine toujours content, sifflait, chantait. Il met Maria enceinte encore une fois, et le 28 avril 1930 elle accouche encore d'une petite fille : Albine. Cela faisait trois enfants. Heureusement il y avait le beau-père qui venait aider sa bru et en même temps apportait des provisions, car la famille grandissait à vue d'œil.

Antoine ne s'arrête pas là il continue à honorer sa femme et la voilà de nouveau enceinte. En 1932 elle accouche encore d'une fille nommée Antonietta. Elle était ravissante cette petite, mais, hélas, elle n'est pas restée longtemps sur terre : elle est décédée en 1936. Toute la famille eut un grand chagrin de la perte de cet enfant.

Mais cela n'empêche pas Antoine de continuer à faire des avances à sa femme. Maria se retrouve de nouveau avec un gros ventre et le 13 octobre 1934 elle accoucha enfin d'un garçon prénommé Domenico, le futur intellectuel de la famille et de toute la ville de Siderno.

Antoine et Maria étaient très heureux d'avoir enfin un garçon. Le grand-père a fait une grande fête en l'honneur du petit, surtout qu'il portait son nom Domenico Fragomeni.

Jusqu'à présent, tout se passait dans le bonheur, tout le monde était heureux. Les parents étaient tellement contents que Maria soit encore enceinte. Ils avaient cinq enfants, mais vont se retrouver avec un sixième. C'est ainsi que le 15 mai 1937 naît un garçon, Giuseppe, le futur artiste de la famille. C'était une immense joie, car Giuseppe déjà tout bébé souriait à tout le monde. C'était le petit clown de cette grande famille.

Mais cela n'était pas fini Maria est encore enceinte. Décidément on dirait qu'elle est réglée comme une pendule. Tous les deux ans, elle met un bébé au monde et voilà le septième. Mais fini les garçons c'est encore une fille. Elvira née en 1939. Encore une petite qui n'aura pas de chance, elle décède deux ans après en 1941.

Maria malgré les sept enfants qu'elle avait mis au monde était restée toujours mince et avait gardé toute sa beauté de jeune fille. « Maria le soleil » ne portait jamais de rouge à lèvres, jamais de maquillage, elle utilisait uniquement l'eau fraîche qu'elle mettait dans ses mains pour se laver le visage. Jamais de coiffeur. Elle portait soit des nattes, soit une queue de cheval, soit un chignon. Tout le monde aimait Maria, car elle était toujours souriante, gaie, disponible pour aider ses voisins. Elle donnait des cours de cuisine à tout le monde.

Mais il ne fallait par perdre de temps et Maria pour ne pas changer ses habitudes est encore enceinte et le 27 octobre 1943 elle accouche d'une petite Anna. J'ai oublié de vous dire ! Après le décès de la petite Antonietta, Domenico le père d'Antoine meurt à son tour ; la deuxième femme de Domenico déshérite Antoine en faveur de ses enfants à elle. Catastrophe pour Antoine et Maria, car à l'époque ils avaient déjà quatre enfants. Adieu l'argent, adieu les vivres que le père apportait tous les jours, le couple et les enfants mènent à partir de ce moment une vie de misérable.

Nous sommes en 1943. Voici la suite de ce journal ...

Chapitre I
-SOUS LE SIGNE DU TAUREAU-

Je me présente : Giuseppe Fragomeni fils de Maria Napoli et de Antonio Angelo Fragomeni, né le 15 mai 1937 à Siderno de Marina. Signe du zodiaque Taureau.

Mon quartier c'est une rue sans issue, elle démarre en bas d'un tout petit carrefour qui par la suite aura une grande importance.

En haut de ce carrefour à trente mètres sur la droite se tient la petite maison où je suis né. À côté une petite ruelle avec des maisons très basses à hauteur d'homme. Dans cette ruelle habitent deux familles riches, derrière leur maison il y a des vignes, des champs de pommiers, de figuiers, d'oliviers, mais ce sont des gens très avares. La fille d'une des deux familles est une vraie sorcière et une grosse vache. Elle se cache toujours derrière un olivier pour me guetter. Et un jour que j'allais voler des pommes pour les manger, elle m'a attrapé, attaché au pied d'un arbre et avec une badine m'a fouetté les jambes jusqu'au sang ensuite elle est partie. J'ai été délivré deux heures après.

Sinon c'était un quartier sans histoire, de temps en temps un coup de couteau par si, un coup de hache par là ; à part ça tout allait très bien. En hiver on se réunissait chez un voisin pour jouer aux cartes et « aux noisettes ». C'est un jeu qui se joue avec des cartes italiennes. On pouvait être jusqu'à dix personnes et l'enjeu comme son nom l'indique était de ramasser le maximum de noisettes.

Revenons un peu en arrière, pour vous situer la maison où je suis né, en la regardant de face, à gauche un passage de 80 cm de large et 4 mètres de long qui allait vers un jardin et une toute petite cour. C'est dans cette cour que toute la famille passe paisiblement ses journées. À droite, l'entrée avec une porte très basse qui s'ouvre sur un couloir de 2 m de large et 3 m de long. C'est dans ce couloir que ma sœur Albine donne des cours de couture. Au fond, à droite, au milieu du mur il y a une niche assez profonde. À l'intérieur de cette niche un autel avec des images religieuses et des couronnes que je fabriquais avec des marguerites que j'allais cueillir moi-même dans les champs. C'est devant cette niche qu'au mois de mai on se retrouvait tous pour dire des prières et entonner des chants religieux.

Le sol du couloir est recouvert de carrelage brique, les murs passés à la chaux blanche et le dessous de la toiture dissimulé par des journaux sur lesquels on a passé un coup de peinture.
À droite, au milieu du couloir une porte en contre-plaqué toute pourrie donne dans la chambre de mes parents avec au centre un grand lit. Attention le lit est composé de quatre tréteaux en fer de 1 m de haut. Sur les tréteaux huit planches en bois de trente centimètres de large, sur les planches sont posés quatre matelas avec des fentes au milieu pour pouvoir les remplir de feuilles de maïs qu'on lavait une fois par mois. Une fois fini le lit mesurait 1,40 m de haut. Pour monter il y avait un banc, c'est pour vous dire qu'il ne fallait pas tomber. À gauche une commode à huit tiroirs et deux chaises en paille. Les murs toujours revêtus de chaux blanche et comme dans le couloir les mêmes journaux pour cacher la toiture et peints en blanc, une fenêtre qui donne dans la petite cour. Au centre, à droite, une ouverture de la largeur d'une porte qui donne dans le salon si on peut appeler cela un salon Continuons la visite, entrons dans le salon très grand trois mètres de large quatre mètres de long. Au milieu une table ronde et quatre chaises. Évidemment,

on ne mange jamais ensemble, car il n'y a pas assez de chaises. À droite, une malle très grande en bois, à gauche une porte d'à peine 1.30 m de haut qui donne dans la fameuse petite cour. Le sol, de la terre battue tout de travers au point que la table où nous mangions a toujours été bancale. Le toit, que des tuiles, pas de décor de peinture.

À droite du salon une ouverture donne dans une minuscule chambre. Le sol n'y est pas carrelé. Il n'y a que deux lits de 90 cm de large, un pour mon frère et moi, et l'autre pour mes sœurs. À gauche une échelle, grâce à elle, j'ai pu m'évader une nuit. Aussi rêvant que je jouais au foot j'ai donné un coup de tête qui a cassé le nez de mon frère et mon père voulait me punir en me tapant avec un nerf de bœuf.

On continue la visite. Au fond du salon, une ouverture qui donne dans la cuisine. Alors là c'est le comble. Au sol de la terre battue. Au fond un four pour faire cuire le pain, à gauche une fenêtre, sous cette fenêtre trois briques de chaque côté et au milieu un feu sur lequel on fait la cuisine. C'est par cette fenêtre que je passe les mains pour soulever le couvercle de la marmite et combien de fois je me suis brulé les doigts. Tous les murs sont noirs, le plafond est noir. Bien entendu pas d'eau, ni électricité, pas de bougies non plus. La cuisine était éclairée par des couvercles de boites de cirage à chaussures dont mon père écrasait légèrement les quatre coins, il passait une mèche de coton, mettait de l'huile et ces boîtes étaient accrochées au plafond par un fil de fer.

Au printemps, ma mère enlevait le lit pour mettre à la place un échafaudage fait de cannes de bambou cela faisait cinq étages de planches assez larges. On partait tous à la campagne pour ramasser des feuilles de mûrier, on posait les feuilles sur les planches et c'est là que ma mère posait, un par un, des vers à soie. Quand les vers étaient bien gros ma mère passait dessus une petite branche d'arbuste Les vers à soie montaient petit à petit sur les branches et se refermaient, parfois plein de papillons blancs s'envolaient dans la chambre. Pour mes yeux d'enfant, c'était un spectacle merveilleux, je passais des après-midi entiers à admirer cette merveille de la nature.

Quand les cocons étaient bien fermés, on les faisait bouillir dans une grande marmite d'eau. Avec un bâton on tournait et ma mère ramassait les fils de soie. Tout ça pour faire le trousseau de sa première fille, Carmella.

Passons maintenant dans la petite cour où tout le monde se retrouve. La cour fait environ cinquante mètres. En haut, à gauche, une pergola pour que mon père puisse travailler à l'ombre, sinon sa table de travail était située dans le carrefour. Elle était ronde et petite, mais suffisante pour supporter tous les instruments dont un cordonnier a besoin. En face, près d'un muret, trois ou quatre jarres. C'est là que le grand-père mettait les olives quand il était encore en vie. À droite une meule que mon père utilisait pour aiguiser ses couteaux de travail. À côté un petit passage qui allait au jardin. Sur la droite, les toilettes en planches de bois. Au milieu de ces toilettes un grand trou pour s'asseoir, c'était pour les filles, moi je n'y allais jamais, j'avais trop peur des salamandres.

À côté des W.C., une toute petite pièce de quatre-vingts mètres de hauteur et deux mètres de profondeur. C'était là que l'on mettait le cochon. Le jardin mesurait soixante-dix mètres de long sur dix mètres de large. Grâce au jardin on pouvait manger des légumes. Il y avait aussi un pied de vigne très haut qui faisait office de pergola. Mon père y avait installé un lit en paille, il y faisait la sieste l'après-midi et parfois la nuit s'amusait à regarder les avions passer. C'était la guerre et ma mère tremblait pour ses enfants. Le soir, on y voyait comme en plein jour avec tous les engins qui embrasaient le ciel. Quand les bombes tombaient, nous laissions, nous aussi tout tomber pour nous réfugier au milieu des pieds de vigne. C'était la guerre !

Nous n'avions pas grand-chose à manger : mon père handicapé ne travaillait pas, mais il se débrouillait pour planter dans le jardin des pieds de tabac. Quand ils étaient devenus secs, il les laissait tremper dans du vinaigre. Après, soit il les coupait très fin pour faire des cigarettes, soit roulait les feuilles pour faire des cigares. Évidemment, dans l'idée, c'était pour les vendre afin de nourrir un peu la famille, mais, en fait, Antoine ne pensait qu'à lui seul ; il les

fumait.
Alors, c'était ma petite mère qui pour nourrir les six enfants faisait du marché noir ; combien de fois à cause de la douane qui passait ma mère à chaque fois était obligée de jeter et enterrer les lapins de contrebande. Nous, les enfants, notre tâche lorsqu'il pleuvait, était de nous réunir dans la cour avec des récipients pour récupérer l'eau du ciel, qui nous servait à nous laver les mains et la figure.

Pour mes yeux d'enfants, les soirées étaient magnifiques. Nous avions un tourne-disque à manivelle « La voix de son Maître » c'était très drôle quand ma sœur le remontait cela faisait « ru-re-ri-r-r-r ». Alors, elle allumait du feu dans un brasier posé au milieu d'un cercle en bois, nous nous mettions tous autour, on posait les pieds sur le cercle en bois et les voisins venaient pour raconter des histoires. Parfois, c'était des histoires d'épouvante et moi petit Giuseppe de sept ans, j'avais l'angoisse d'aller dormir. Alors avec un petit sourire et les yeux presque en larmes je regardais ma mère. Elle avait pitié et avec une petite caresse sur la tête elle disait : « Viens mon petit Giuseppe te coucher au pied de notre lit avec ton père et moi ». Sauf que l'idée ne rendait pas mon père très heureux, car lui la nuit il voulait faire du cheval et il faisait exprès de me passer son pied-bot sur la figure. Moi, pour me venger je lui mordais les doigts de pied.

CHAPITRE II
- LES DÉBUTS A SIDERNO de MARINA-

Un beau matin la maman s'assied sur le marche pied au bord de la porte, elle me prend sur ses genoux et s'exclame :

- Mon petit Giuseppe vient d'avoir sept ans ! Il est temps maintenant pour lui d'aller à l'école .

Je la regarde comme si le ciel allait me tomber sur la tête. Je ne comprends pas.

- L'école ? en la regardant avec les yeux écartés. Elle répond :

- Eh oui, tu auras un beau tablier noir avec un col blanc et un cahier .

Le lendemain ma mère se fait toute belle, me prend par la main, et nous voilà partis au centre-ville, Via Garibaldi, à l'école. La classe se trouve au bord de la route. Elle est toute en profondeur avec une fenêtre sur la droite en entrant. Pour vous dire la vérité, j'étais très impressionné. Tous les élèves eux aussi habillés en noir avec le col blanc se sont tous retournés vers la porte pour me voir. Le professeur se tenait au fond de la classe, vêtu d'un pantalon gris en flanelle, d'un blazer bleu marine, d'une cravate bordeaux et d'une chemise blanche, les mains derrière le dos avec une règle en bois, très fine.

Pourquoi la règle ? C'est le lendemain que j'ai compris, il fallait entrer en classe avec les mains en avant pour regarder si les ongles et les mains étaient sales : (voilà ce à quoi servait la règle.).

Je me suis dit « Enfin de la discipline ! » Il a commencé par nous apprendre l'alphabet. Je ne comprenais rien du tout à ce qu'il me disait. En sortant de l'école à midi et demi, je suis rentré à la maison, il n'y avait rien à manger. En marchant de long en large dans le jardin, je me suis dit « Moi à l'école ? Jamais ! » Et je n'y suis pas retourné.

Je préférais garder toute ma liberté. Alors je me suis mis à courir vers la montagne et pour pouvoir manger, je cherchais dans la croûte de la terre des racines de réglisse. J'allais également dans les champs ramasser des cacahuètes. C'était comme les pommes de terre à l'extérieur avec des feuilles vertes et, en bas, des dizaines et des dizaines de cacahuètes toutes vertes. Je les séchais un peu au soleil et après je les faisais griller dans une poêle ; je me régalais. Je montais également dans les arbres pour chercher les œufs dans les nids d'oiseaux. Mais un jour en mettant la main dans un nid, j'ai touché un serpent qui gobait un œuf. Depuis ce jour je n'ai jamais remis la main dans un nid.

Mais après quinze jours de vagabondage, ma mère m'a attrapé par le bras, car le professeur lui avait écrit. J'ai compris tout de suite ce qui allait se passer. D'une main elle me tenait et de l'autre me frappait sur la figure sur les fesses, partout. Ma pauvre mère ne pouvait pas surveiller tout le monde. Elle partait de bonne heure le matin et rentrait tard le soir pour ramasser des oranges pour les vendre et nourrir la grande famille. Mais le lendemain elle a quitté le travail pour m'accompagner à l'école, elle est rentrée à l'intérieur de la classe. Elle s'est même assise sur un banc. Le professeur m'a vu de loin et m'a fait signe de la tête pour me dire bonjour, mais il n'a pas eu le temps de tourner le dos que j'avais déjà sauté par la fenêtre. En sortant, la première des choses que j'ai faites est d'aller sur la plage pour y enterrer mon cahier. J'ai mis un petit repère pour pouvoir le récupérer. Ma blouse noire, j'en ai fait une boule et l'ai cachée sous une tuile d'un toit. Et c'est habillé en civil, petit pull et short, évidemment pieds nus que j'ai disparu de la maison pendant trois jours pour pouvoir vivre en liberté.

Mais pendant ces trois jours, ma mère était comme une folle, me cherchait dans toute la ville et c'est mon frère qui m'a trouvé. Comme je ne voulais toujours pas rentrer, car j'avais peur des représailles de ma mère, mon frère Dominique m'a attaché derrière son vélo et m'a traîné jusqu'à la maison. En arrivant toutes mes sœurs alignées me regardaient comme si je venais d'une autre planète et tout le monde s'est jeté sur moi. J'ai reçu tellement de coups que je ne bougeais pas du sol.

- Bon, dit ma mère, tu ne veux pas aller à l'école, c'est moi le soir qui vais t'apprendre à écrire, mais la journée tu vas travailler.

Le jour même elle m'a emmené chez un industriel fabricant de glaces et limonades. Elle dit au patron qu'elle connaissait bien :

- Je vous laisse mon fils, fait de lui ce que vous voulez .

Au début, mon travail consistait à laver des bouteilles de limonade qui se trouvaient dans un grand bac en ciment. Dans le local il y avait aussi une grande piscine couverte de longues planches en bois. Dans cette piscine, au moyen d'une chaîne nous plongions des bacs de fers soudés les uns aux autres remplis d'eau pour faire de la glace. À côté, un gros moteur tournait toute la journée pour refroidir l'eau, cela sentait l'ammoniac et faisait un bruit d'enfer. La vieille machine qui faisait les limonades avait la forme d'un robot. Devant, il y avait une grande grille pour protéger le visage, car derrière il y avait de grosses bouteilles de gaz qui passaient dans l'appareil et avec le pied on poussait une pédale pour poser les capsules sur les bouteilles. De temps en temps cela explosait, il y avait des morceaux de verre qui giclaient partout. Un jour en levant une planche de la piscine je me suis penché un peu pour voir si la glace était dure et j'ai glissé. Heureusement à côté de moi il y avait un camarade qui m'a attrapé aussitôt, car cinq minutes dans la piscine et je sortais congelé ! Mission dangereuse pour moi.

Le patron avait quatre enfants : deux filles et deux garçons de mon âge, plus une grosse et méchante femme. De temps en temps la grosse patronne venait nous surveiller. Elle nous regardait tout le temps de travers. Je dis « nous », car il avait aussi un ouvrier très gentil qui m'enseignait le métier. Tous les matins, elle avait pris l'habitude de m'envoyer avec un gros panier lui acheter dix kilogrammes de charbon pour sa cuisinière personnelle. Le marchand de charbon se trouvant à un kilomètre, je m'arrêtais plusieurs fois sur la route, car le panier était très lourd pour mes petits bras, et en arrivant elle trouvait le moyen de m'engueuler disant que je mettais trop de temps. Jamais un merci, pas une pièce de monnaie pour m'acheter des marrons, rien…Alors j'ai monté un plan pour me venger. Le chemin de fer était à cent mètres de la maison. Le lendemain comme tous les matins elle m'appelle :

- Viens mon petit, viens mon petit ! Comme si elle appelait une poule.

- Oui madame.

- Va au charbon.

Elle me donne les sous comptés au centime près. Quand je suis arrivé chez le marchand au lieu d'acheter 10 kgs de charbon j'en achète 9 kgs 5. Vite je passe par le chemin de fer et je rajoute 500 grs de pierres noires. En arrivant, la première des choses qu'elle fait c'est de peser le panier pour s'assurer qu'il y a bien les 10 kgs. J'attends qu'elle s'éloigne pour retirer les pierres, les mettre dans un chiffon et les cacher. C'est comme ça que j'ai eu mon argent de poche pour acheter mes marrons.

La fabrique se trouvait presque dans un carrefour. En face il y avait un jardin fermé par une grande grille en fer. L'après midi les adultes faisaient la sieste et nous, les enfants, on jouait à la guerre. Pour ce faire, on traçait par terre une ligne de démarcation. De chaque côté : quatre combattants, avec pour munitions des oranges pourries qu'on lançait sur la figure de l'adversaire. Au milieu de la bataille me voilà sans munition ; un adversaire vient vers moi avec l'intention de m'écraser une orange sur la figure. Mais par malheur pour lui, avant qu'il n'arrive, j'avais eu le temps de ramasser une bouse de vache et c'est moi qui la lui écrase sur la figure. La guerre a été terminée. Aveuglé, le pauvre gosse le visage sale et puant s'accrocha à la grosse grille en fer et moi, sans le faire exprès, je lançais dans sa direction une petite charrette vide qui arriva droit sur sa main et lui coupa un doigt. Il le ramassa par terre. Mais trop tard le pauvre est resté toute sa vie avec un pouce en moins.

J'avais tellement peur de retourner à la fabrique qu'ils ne m'ont pas vu pendant quinze jours. C'est le patron qui est venu me chercher à la maison ; sa femme, cette mégère, avait besoin de son charbon. Alors, timidement je suis revenu, car le patron m'avait promis que l'après-midi il me laisserait jouer au foot une heure. En arrivant, je ne savais pas trop où aller, car tout le monde me regardait de travers, sauf celui à qui j'avais coupé le doigt. Je me suis approché de lui et je lui ai demandé pardon. Il m'a répondu :

- J'espère que tu vas arrêter tes bêtises !

Mais non, car le soir même je restai dormir avec les garçons du patron. Son appartement était accolé à la fabrique, séparé par un petit couloir. Le soir arrivé nous organisâmes un jeu appelé le « sous-marin ». Nous étions cinq à six copains dans une grande pièce, meublée de placards, de petits lits, de commodes. L'un de nous tenait une pierre entourée d'un mouchoir et nous fermons la lumière. Plus un bruit, car celui qui avait la pierre tapait partout comme un fou pendant deux minutes. Malheur à celui qui était mal caché. Le patron en entendant tout ce bruit ouvrit la porte, la lumière et trouva le garçon avec le mouchoir à la main et personne d'autre. Il resta comme un imbécile et rigola, mais pas la méchante de patronne.

Je dormais dans une petite pièce et, souvent, je me levais la nuit parce que j'avais faim. À trois mètres de moi se trouvait une porte fermée avec un cadenas et derrière cette porte une pièce où le patron entreposait le sucre, avec lequel on faisait la limonade. J'avais toujours un petit clou avec moi, et malgré mon âge j'étais assez dégourdi. Avec le clou j'ouvris le cadenas et en entrant je me trouvai dans la caverne d'Ali Baba. Partout des sacs de sucre à moitié vides avec les bords bien roulés. Alors d'abord je m'empiffrai et ensuite avec la paume de la main j'aplatis le sucre, et avec le pouce, l'index et l'auriculaire je fis des marques comme si un chat avait mangé le sucre, et c'est le chat qui reçut des coups de balai, pauvre chat.

Revenons au travail. Un jour le patron m'envoie livrer des caisses de bière chez les commerçants avec une brouette. Pour moi, d'une part c'était un peu lourd et de plus la route était cahoteuse. La brouette se renverse et des bouteilles de bière se sont cassées. Pris de panique, je laissais tout sur place et allais me cacher en haut d'une petite montagne. Cette équipée dura trois jours, mais la nuit tout seul j'avais peur, car les chiens hurlaient à la mort, alors pris de panique, je me décidai à rentrer chez moi.

Évidemment, tout le monde s'était inquiété. Alors, lorsque j'arrivais la queue entre les jambes, ma mère m'attendait avec un petit bâton et c'était reparti… les coups pleuvent, j'essayais de m'échapper, mais mes sœurs et mon frère avaient fait un cercle, et j'étais pris au piège comme un canard. Ma mère m'a ramené au travail, et m'a laissé dans les mains du patron. Aussitôt ma mère partie, j'ai eu encore mon compte pour les bières que j'avais cassées.

Mais les bêtises ne sont pas finies. Le soir arrivé, les deux garçons du patron me demandèrent de rester jouer aux cartes avec eux. Nous jouâmes tous les trois sur un lit large de 90 cm et, en jouant, une carte tombe par terre. Mimmo, le fils aîné se pencha pour ramasser la carte, se mettant à genoux sur le lit, la tête en bas pour chercher la carte, les fesses bien en l'air. Je ne pus résister à la tentation. Avec mes deux pieds je le poussai très fort au niveau des fesses et voilà le pauvre qui se retrouve la tête dans le pot de chambre. Impossible de lui enlever le pot de la tête. Le père entendant les cris arrive en vitesse. En voyant son fils dans cet état, il court chercher une grande cuillère en bois pour me taper. Je n'ai pas attendu son arrivée, j'ai quitté les lieux comme une flèche en pleine nuit et ils ne m'ont jamais revu …

CHAPITRE III
– LA BASSINE D'EAU FROIDE-

Cette fois-ci, je suis allé directement à la maison. En arrivant la tête basse, mes petites mains dans les poches, inutile de faire un dessin à ma mère. Elle me regarda et dit :

- Que vais-je faire de toi ?

Mon frère plus loin se gaussait, car lui travaillait très bien à l'école, toujours le premier de la classe.

« Bien ! » dit ma mère « tu vas me suivre et comme ça tu vas comprendre ce que c'est que de travailler. Ce soir tu te couches et demain matin nous partons au travail ».

À six heures du matin, une main caresse ma joue.

- Il faut se lever Giuseppe !

Elle m'appelle à plusieurs reprises, car je dors profondément. Elle soulève les couvertures pour que je puisse me lever et avec une voix plus forte :

- Allons vite, il faut partir, vas te laver la figure.

Se laver pour moi c'était une horreur, car l'eau était dans la cour dans une bassine qui restait dehors toute la nuit, donc l'eau était gelée. Je me rince uniquement les yeux juste pour me réveiller et me voilà parti avec ma mère .

Je la suis derrière comme un petit caniche, habillé d'un short d'un pull, tout déchiré aux coudes, pieds nus, les cheveux en bataille. Elle avance vite pour arriver avant que le jour se lève. Elle porte sur la tête une grande corbeille qui contiendra jusqu'à vingt kgs d'oranges et un panier à chaque bras qui pourront peser jusqu'à huit kgs chacun. Elle ramasse les oranges jusqu'à 7 h 30 et, à 9 h 30, nous sommes au marché pour les vendre. Vers 11 h avec l'argent qu'elle a gagné on va chez un marchand de tissus pour acheter plusieurs coupons de toutes les couleurs. Elle met les tissus dans les paniers et on repart à la campagne c'est-à-dire que l'on fait cinq kms à pied dans des chemins tout cahoteux. Tout en marchant, de temps en temps elle se retourne en disant :

- Allons marche un peu plus vite.

Mais j'étais très fatigué, je m'asseyais par terre deux minutes et, après j'étais obligé de courir pour la rattraper Souvent, elle s'arrangeait pour arriver à midi chez les paysans. Elle savait qu'en arrivant à midi les gens nous inviteraient à manger. Et après elle parlait de travail. Le travail, en fait, consistait à faire du troc. Pour un mètre de tissu, elle mettait dans son panier deux à trois kgs de pois chiches, plus loin dans une autre maison, deux à trois kgs de haricots secs. Jusqu'au soir on marchait, on marchait… J'étais très fatigué, mais il fallait avancer. Et puis enfin c'était le retour. Mais parfois la nuit tombait vite et nous cherchions un coin pour dormir et les coins à la campagne, c'était une ferme. On passait la nuit dans la paille avec à côté, les vaches qui mangeaient dans le râtelier. J'avais froid et ma mère me serrait contre elle pour me réchauffer. Le matin pour se laver nous allions dans les abreuvoirs des ânes et des vaches. Je ne vous dis pas la fraîcheur de l'eau ! On ne rentrait même pas à la maison, car il fallait vendre les légumes que nous avions échangés la veille à la campagne en faisant du porte-à-porte dans la ville. Pour déjeuner, c'était une tomate sans pain ni sel.

D'autres jours, il fallait partir au fleuve pour laver le linge sale, mais le fleuve était à six ou sept kilomètres et ma pauvre mère avait la tête et les bras chargés de paniers. Une fois arrivée elle lavait tout le linge et moi, en attendant, je pataugeais dans l'eau. Je me mettais tout nu, car il faisait chaud ; il fallait attendre que le linge soit sec. C'était joli à voir tout ce linge, blanc comme neige étendu » sur les arbustes et par terre. Nous rentrions au coucher du soleil, mais nous n'arrivions jamais avant la nuit, car ma mère s'arrêtait devant toutes les maisons pour bavarder. J'essayais de la tirer par la main, mais rien à faire. Alors je m'asseyais sur un petit marchepied, les coudes sur les genoux et ma petite main sous le menton en attendant qu'elle se décide à partir.

En arrivant à la maison il y avait tout à faire, car tout le monde attendait la Mama pour faire la cuisine. Par contre c'était vite fait. Elle versait de l'eau dans une marmite, quand l'eau bouillait, elle mettait des brocolis, puis de la farine de maïs ; un quart d'heure après la polenta était servie. Parfois je ne mangeais pas j'étais mort de fatigue et m'endormais sur la chaise. Ma petite mère me prenait dans ses bras, elle soulevait délicatement la couverture, car souvent il n'y avait pas de draps, et elle restait près de moi le temps de me dire un « Ave Maria » et une petite histoire.

Parfois, le lendemain matin, en me levant, elle n'était déjà plus là ; m'ayant laissé à la maison pour me reposer. Elle partait tous les jours, tous les jours pour le même combat, travaille, travaille pour nourrir ses six enfants. Les allocations familiales n'existaient pas. Quant à mon frère Dominique, il était toujours dans le jardin en train de lire à haute voix et je m'asseyais près de lui pour enregistrer tout ce qu'il disait. Le matin, ma sœur préparait le petit déjeuner. Évidemment, pas de lait, ni chocolat ni sucre. Elle mettait dans une casserole de l'eau, un peu de persil, une gousse d'ail et du pain rassis, parfois très dur et moisi. Elle versait la préparation bouillante dans un bol, c'était très bon.

Quand ma mère rentrait tard le soir de son pénible travail nous l'attendions tous pour qu'elle partage une miche de pain en huit. Parfois je voulais prendre ma part avant les autres et une fois en mettant ma main sur le couteau, j'y ai laissé la peau de mon petit doigt.

Mon père, toujours décontracté, réparait quelques chaussures pour les clients. Il livrait à domicile et le peu d'argent qu'il gagnait c'était pour s'acheter à manger pour lui. Je le regardais manger, mais il ne pensait pas à me donner quoi que ce soit, pourtant je lui faisais les yeux doux. Il me disait :

- Tu as fini de me regarder comme ça ?

Alors je m'en allais, la tête basse m'asseoir par terre dans un coin. C'était dur, très dur d'avoir huit ans à la fin de la guerre. Ah ! Il était gentil mon père, mais il ne fallait pas lui demander à manger. Tout était pour lui. Par contre tous les matins entre 9 et 10 h il prenait sa mandoline (il en jouait d'ailleurs très bien) et chantait « Oh campagnola bella tu sei la reginella negli –acchi tuoi c'é il sale c'é il calaoe c'i sano i valli tutti in fiare io sento la tua voce c'é una armonia di baci ché si difende é oice se vuaoi vivere felice deve vivere qua giu etc... »

Il avait sa table de travail dans la cour. Lorsque j'étais là près de lui, il me disait :

- Regarde-moi travailler, et un jour tu seras un grand cordonnier comme moi.

Je pensais : « Jamais je ne serai cordonnier ».

Mais, parfois, des messieurs venaient pour qu'il leur arrache les dents. C'était horrible ! Il attachait les dents avec un peu de fil de cordonnier, car ce fil est très solide, il prenait le bout de fil avec la tenaille et tirait comme un malade. Par malheur si le fil se cassait, il mettait directement la tenaille dans la bouche du pauvre malheureux et tirait jusqu'à ce que la dent vienne, Naturellement, cela saignait beaucoup et, pour finir, il lui donnait pour se rincer la bouche de l'alcool à 90°. C'est là que son client sautait exactement comme un âne. Complètement dégoûté, je ne pouvais pas regarder et je courais comme un lapin au fond du jardin.
Quand mon père manquait de travail, il faisait des briques

pour réparer la maison, car de temps en temps il fallait les changer. C'était une vieille bâtisse et, en hiver, la pluie faisait tomber les murs. Il faisait un gros trou dans le jardin, mettait de la terre, rajoutait de la paille et de l'eau et mélangeait le tout. Il préparait sur le sol des planches de bois de 30 cm de haut et 1.20 m de long et faisait des moules. Après quoi il coulait la terre et la paille et laissait sécher au soleil. Il enlevait les planches et les briques étaient prêtes.

Le soir, je guettais ma mère pour lui faire les poches. Dès que je la voyais arriver, je courrais vite à sa rencontre, car elle avait toujours un bonbon pour moi. Mais parfois je n'étais pas content, car elle voulait que j'apprenne avec elle l'alphabet. Impossible ! Je confondais toujours le A et l'E. Alors elle m'attrapait les oreilles et tirait, tirait… J'en avais marre et lui ai dit un jour :

- Tant pis, je ne veux plus de bonbon.

- Puisque c'est comme ça me dit-elle, demain tu iras travailler à l'église avec Monsieur le Curé !

- Très bien.

Et, le lendemain, j'ai fait la connaissance de Monsieur le Curé.

Pour commencer, il fallait balayer la sacristie et l'écouter dire la messe. Au bout d'une semaine, il m'a dit :

- Bon, tu vas jouer au foot dans mon équipe.

J'étais heureux comme un pape, car j'étais un fan de foot. Je me souviens du maillot ; il était rayé noir et blanc avec un short noir. Le curé faisait l'arbitre en soutane noire. Il était grand et mince et courait partout sur le stade. Le meilleur souvenir que j'ai gardé de lui c'est le jour où il est tombé les fesses au sol et les deux pieds en l'air, il ne portait pas de culotte. Tous les copains étaient pliés en deux de rire.

Mais le bonheur a été de courte durée. Un jour il fallut

suivre une procession. J'étais habillé en enfant de chœur en rouge et blanc et je portais la croix qui était très haute pour l'enfant que j'étais. Le curé était derrière moi avec la statue de la Sainte Vierge, suivi d'une immense foule de croyants. On s'arrêtait souvent, les gens voulant mettre de l'argent sur la robe de notre protectrice. À un moment, je me suis baissé par terre pour ramasser une pièce de cinq centimes. J'ai posé la croix par terre, mais le curé m'a donné un coup de pied aux fesses. Ni une ni deux, j'ai laissé tomber la croix, retroussé ma robe et en passant je l'ai déposée à l'église, car il n'y avait personne.

C'était la fin du catéchisme et de l'église là, je me suis dit :

« - Je crois que suis allé trop loin, ma mère ne va jamais me pardonner, elle est tellement croyante ».

En rentrant à la maison, je trouvais mes sœurs et mon frère. Ils m'ont dit :

- Qu'est-ce que tu as fait encore comme bêtise ?

Je ne répondais pas, je boudais, car ma mère n'était pas là. Mais je savais puisqu'elle m'attendait qu'elle allait rentrer. Elle m'a frappé, mais c'était pour mon bien. Ça, je l'ai compris.

Les jours passaient. Mon adorable petite mère partait le matin à six heures et rentrait le soir à vingt et une heures un peu fatiguée. Elle vendait au marché, à la campagne, elle faisait la cuisine chez un « chevalier », elle allait à l'école le midi pour faire la cuisine aux enfants. Elle allait dans la montagne chercher des artichauts sauvages pleins d'épines, elle devait enlever toutes les premières feuilles pour ne laisser qu'un tout petit coeur et parfois elle avait les doigts en sang.

Nous les enfants nous mangions ce que nous pouvions trouver dans la journée. Je trouvais parfois dans des sentiers une plante dont il fallait enlever les feuilles parce qu'elle était pleine d'épines. Nous ne conservions que la tige du milieu qui était blanche et tendre. Nous cuisinions cela avec du riz. Quand elle rentrait à 21 h, parfois 24 h, on l'attendait tous pour lui donner le compte rendu de la journée. Je laissais toujours parler les autres, petit à petit je reculais. Ma mère comprenait vite, et avec un petit sourire disait :

-Attends, attends Giuseppe.

Du petit diable je me transformais en petit ange. Elle se faisait avoir par mon regard affectueux. Alors je racontais à ma manière ma journée.

Et puis un jour elle me dit :

- Giuseppe. Je t'ai trouvé une place dans une fabrique de casseroles en aluminium.

- Très bien maman, je commence quand?

- Demain matin mon petit.

Le lendemain à 8 h, toujours le même short, le même pull. Elle m'a accompagné chez un monsieur, très grand. Il s'appelait Serfati. Ma mère m'a laissé au milieu de cette fabrique.
J'avais toujours les mains dans les poches comme un petit chef. J'ai commencé à regarder autour de moi, que de machines, que de bruit ! me suis-je dit en moi-même :

- Je ne pourrai jamais rester là-dedans.

Le soir arrivé le patron m'a appelé :

- Dis-moi mon garçon tu sais que ma mère veut faire ta connaissance?

Et je vois arriver devant moi une vieille toute ratatinée, les yeux enfoncés dans les orbites, les joues creusées, le menton en biais et en galoche, quant à sa poitrine, un manche à balai aurait été plus épais. De plus, elle marchait avec les pieds en dedans. En un mot, elle me faisait peur ! Elle me regarda avec attention :
- Tu as l'air d'être un bon garçon toi. Le samedi et le

dimanche puisque tu ne travailles pas, avec mon fils je t'emmène avec moi faire le marché.

- D'accord !

D'ailleurs j'étais toujours d'accord avec tout le monde.

Samedi matin nous partons avant que le soleil ne se lève. Il fallait aller à Locri une ville à quatre kms de Siderno ma ville natale. Elle avait une charrette remplie de marchandises. J'étais devant comme un âne. Je tirais et elle poussait. En arrivant à la foire, toute la journée du samedi on a vendu des sucreries et aussi des fèves sèches passées au four, des pois chiches grillés avec du sable de mer très chaud. Le soir arrive, mais tout le monde travaille très tard avec des lampes à pétrole, car la foire dure deux jours. Vers 22 h, ma vieille sorcière me regarde et dit :

- Je vais me coucher, mais reste éveillé toute la nuit pour éviter que quelqu'un ne vole mes sucreries .

Je l'ai bien regardé :

- Bien sûr, Madame, vous pouvez dormir tranquille !

Un quart d'heure plus tard, elle ronflait comme un sonneur. J'en ai bien profité pour me remplir le ventre avec les sucreries. Je ne touchais pas aux fèves, car cela faisait du bruit et si la vieille s'était réveillée cela aurait été ma fête. J'ai essayé de résister, mais le sommeil a été le plus fort, heureusement les voleurs n'étaient pas au rendez-vous.

Dimanche soir, nous sommes enfin rentrés et en arrivant la première des choses qu'elle a faites est de me mettre tout nu. Elle pensait que je lui avais volé de l'argent. Le lundi matin je me retrouve à la fabrique pour faire des casseroles, etc...

Le vendredi soir la vieille vient au magasin : « Bon ! mon garçon, demain matin on se lève de bonne heure pour aller à Gioiosa. C'était aussi à quatre kms sauf que pour y aller il fallait passer un pont de 200 m de long qui enjambait le fleuve. Je tirais toujours la charrette. Quand nous sommes arrivés au milieu du pont, elle me dit :

- Mon garçon je monte sur la charrette parce que je suis fatiguée .

Le poids des marchandises et celui de la « sorcière » eurent rapidement raison de moi. Au bout de dix mètres, mes petits bras lâchèrent la charrette. Elle se retrouva les fesses par terre au milieu des sucreries. Je la laissais au milieu du pont et ils ne me revirent jamais ni elle ni son fils.

CHAPITRE IV
- LA JARRE-

Mon escapade dura trois jours. J'étais loin de penser que mes parents avaient peur pour moi et me cherchaient partout. J'étais tout près du chemin de fer. Il y avait un terrain vague et je jouais au foot toute la journée, le soir j'avais les pieds en sang, car je jouais pieds nus, alors. j'allais me laver les pieds au bord de la mer. Le terrain de foot se trouvait entre la mer et le chemin de fer. Je mangeais des fruits : figues et figues de barbarie. La nuit, j'allais dormir dans la cabine au bord de la mer. Je m'enfermais dedans, j'avais peur des chiens qui traînent sur la plage. Ma berceuse à moi c'étaient les vagues. C'était le bruit des vagues… je les entends encore dans ma tête. Ces petites vagues de la mer Ionienne étaient pour moi comme un voile de douceur … Une douceur marine…

Question habillement, j'étais vêtu comme un clochard, mon short à force d'être porté s'était décousu entre les jambes et par là même s'était transformé en jupe. Quand je courais, il se promenait d'avant en arrière. Enfin je décidais de rentrer à la maison.

Évidemment j'avais peur de rentrer par la porte. Je décidais donc de passer par le fond du jardin, mais pour cela il fallait sauter un mur de ronces. En arrivant devant la maison, je me retrouvais devant la petite cour et essayais d'écouter ce qui se passait à l'intérieur. Dans la cour, face à la porte d'entrée, trônaient trois jarres énormes. Je soulevais le couvercle de l'une d'elles et m'assis au fond, les poches remplies de cailloux. Là, de temps en temps, je soulevais le couvercle et lançais deux pierres au même moment sur les tuiles de la maison. Cela faisait un bruit d'enfer. Tout le monde sortit, sans rien voir : j'avais disparu au fond de la jarre. Je recommençais dix minutes plus tard, là tout le monde perdit patience et ils allèrent chez le voisin pour lui demander d'arrêter de lancer des pierres sur les tuiles. Le voisin jura que ce n'était pas lui. Moi, toujours au fond de la jarre. Ils rentrèrent à la maison, excepté mon père. Il se posta dans la cour sans faire un bruit et en jetant régulièrement un regard en direction des jarres. Soudain, il vit le couvercle se soulever, doucement, doucement. Je sortis la tête de la jarre telle une tortue. C'est alors que j'ai senti une main qui attrapa mes cheveux et mon père se mit à crier :

- Venez, venez ! Il est là, le bandit !

Après m'avoir sorti de la jarre et donné une bonne correction, j'eus droit quand même à un bol de soupe. Tout de suite après je pris une couverture sur le lit de ma sœur et m'endormis par terre, sous le lit.

Le lendemain matin en me levant, mes sœurs et mon frère me dirent :

- Si tu veux te laver, il faut aller chercher de l'eau.

La fontaine se trouvait à cinq cents mètres plus bas, elle appartenait à la commune et il y avait donc toujours beaucoup de monde. Nous partions mes sœurs mon frère et moi avec un fût de deux cent cinquante litres. La descente de la rue était aisée, car le fût était vide, mais pour la montée c'était différent. Parfois un passant nous aidait à le pousser jusqu'à la maison. En arrivant, on consommait le moins possible d'eau, on en mettait un peu dans un bol et avec l'index on se lavait les dents sans dentifrice faute d'en posséder. Nous nous lavions les dents une fois par mois avec un peu de bicarbonate.
Mon frère, dans le jardin révisait ses cours et moi je

disparaissais dans la nature. Je cherchais des copains pour aller jouer au foot, mais parfois nous fabriquions des armes pour aller à la chasse aux oiseaux. Je prenais un parapluie avec la plus longue baleine et en faisais un arc. Puis j'attachais une ficelle aux deux extrémités et une des petites baleines se transformait en flèche. En frottant sur une pierre, j'aiguisais la pointe et j'envoyais la lance jusqu'à dix mètres. J'attrapais aussi, des lézards et des grenouilles.

Parfois on prenait deux grandes feuilles de figuier, les épines remplaçaient les épingles qui fermaient les feuilles et on obtenait un panier. On allait à la campagne pour ramasser de grosses mûres noires ou blanches sur les mûriers. Un jour on a voulu faire une blague à ma mère. J'ai pressé une mûre noire sur mon corps pour simuler le sang qui coulait le long de mon corps. Un copain me tirait par les pieds et l'autre par les bras et je faisais le mort. Quand ma mère m'a vu dans cet état, elle s'est évanouie. Conscient de la gravité de ma bêtise je me jetais sur ma mère en pleurant. Quand, elle a eu de nouveau retrouvé ses esprits, elle n'avait plus la force de me taper, mais l'un de mes beaux-frères s'en est chargé. Il m'a attaché pendant trois heures les mains liées derrière le dos près d'un figuier et m'a dit :

- Crois-moi tu ne mangeras pas.

Puis il me détacha. Je savais que je n'avais pas le droit de manger et c'est alors que je vis à un kilomètre de là un arbre énorme, couvert de graines. Je lançais des pierres pour faire tomber les plus mures. C'était un genre de légume long et marron. On donnait ça aux chevaux, mais j'avais tellement faim que je m'en suis rempli l'estomac. Je suis resté constipé pendant trois jours.

En rentrant le soir à la maison j'ai vu ma mère donner à mon frère un jaune d'œuf. Je lui ai dit ;

- Et moi ?

- Toi, tu mangeras le blanc. Ton frère a besoin de plus de force que toi. Lui fait des études, toi tu ne fais rien !
Cette histoire de jaune et de blanc a fait travailler mes

petites méninges. Le lendemain matin je me rendis dans le poulailler, car nous avions deux poules. Une d'entre elle faisait cot ! cot ! cot Je compris qu'elle allait pondre. Alors, je mis mon doigt dans son croupion, et lui arracha l'œuf, la coquille était encore toute gélatineuse. Mes sœurs ayant vu le manège se mirent à crier :

- Maman, Maman, Giuseppe arrache l'œuf du derrière de la poule.

Ma mère prit une branche bien fine et pendant deux minutes elle me mit les jambes en feu. Elle voulait me faire la morale, mais je ne lui en laissais pas le temps. Je partis comme une flèche pour aller rejoindre mon copain.

Avec lui nous nous battions avec des épées en bois. Évidemment nous les fabriquions nous-mêmes, car nous n'avions jamais d'argent. On volait le bois, et je piquais les clous à mon père. On allait souvent au cinéma. Attention pas dans la salle ! Non, nous montions sur un gros sapin en face du cinéma, car la séance se passait en plein air. La salle était entourée de murs de trois mètres de haut. Nous étions trois sur le même sapin, chacun son étage. Le film c'était Zoro et nous mimions les gestes en fonction des images du cinéma. Parfois avec chacun son épée on se battait au centre-ville les deux contre moi.

À cette époque il n'y avait pas de circulation, donc le combat pouvait se dérouler sans danger. Un jour où ils étaient deux contre moi, je reculais et ne vis pas sur le trottoir derrière moi les grands carreaux en verre de trente centimètres au carré épais d'au moins cinq centimètres qui s'y trouvaient pour éclairer le sous-sol. Manque de chance un carreau était cassé et ma jambe est entrée dans le trou. Un morceau de verre m'a entaillé la jambe jusqu'à l'os. Mes deux copains très courageux m'ont laissé là. Heureusement un monsieur qui passait par là m'a arraché de cette mauvaise posture et m'a amené chez un médecin qui m'a recousu. La blessure était importante et d'autres personnes qui ont assisté à l'accident sont parties chercher ma mère. Elle arriva eu pleurant. Et s'écriant : Mais qu'est-ce que j'ai fait au bon Dieu ?

Une fois que le médecin m'eut recousu et bandé la jambe, ma mère me porta dans ses bras jusqu'à la maison qui se trouvait à deux kilomètres. C'était vers dix-huit heures. Elle me mit au lit puis partit travailler, la pauvre mère ! Évidemment il ne fallait pas être malade, car la mort était assurée. En effet, quand elle revint vers vingt-deux heures, elle s'approcha tout de suite à mon chevet et prit ma petite main. Je ne bougeais même pas. Elle approcha près de mes yeux une petite boîte dans laquelle une mèche était allumée pour m'éclairer le visage et eut peur en voyant mes yeux fixes. Elle dit alors à mon père :

- Vite prend le vélo et va chercher le médecin.

En attendant que le médecin arrive tout en me tenant la main elle faisait des prières. En s'adressant à Dieu, elle lui dit :

- Si tu sauves mon garçon, je fais le vœu de ne jamais manger de viande le vendredi de toute ma vie.

Le médecin arriva vers vingt-trois heures. Il m'ausculta partout, mais je ne donnais aucun signe de vie j'avais 41° de fièvre. Le médecin dit à ma mère :

- Il n'y a que votre Dieu qui peut le sauver, en ce qui me concerne c'est terminé.

Ma mère m'a veillé jusqu'à cinq heures du matin. Mon père lui disait :

- Viens te coucher, ce n'est pas en le regardant que tu peux le sauver !

Alors elle partit se reposer un peu. A 6 h 30 j'ouvris les yeux. Il n'y avait personne autour de moi. Tel un miraculé, je me levais du lit et, je vois encore maintenant un panier plein jusqu'au bord d'oranges toutes mures cueillies par ma mère le matin même. Je commençais à les éplucher et à manger jusqu'à satiété. J'étais en pleine forme, le miracle de ma mère s'était accompli. (Et depuis ce jour-là, elle n'a jamais touché de viande le vendredi.) Sept heures je monte dans son lit et debout je saute comme un chat. Ma mère n'avait plus de parole elle a regardé mon père et lui a dit :

- Antoine regarde qui est là ! Le bon Dieu m'a entendu.

Elle me prit dans ses bras en me serrant très fort. Enfin j'eus le droit de dormir entre ma mère et mon père. Ma sainte mère. Elle vit que j'allais mieux, se retourna vers moi et me dit :

-Mon petit tu sais combien je t'aime. Je voudrais que tu sois comme ton frère. Il étudie le matin et, l'après-midi, il va à l'apprentissage de menuisier. Pourquoi ne fais-tu pas comme lui ?

- D'accord. Je veux être menuisier.

Mais la menuiserie, ça n'a duré que quinze jours. En effet je suis allé avec mon frère chez le même menuisier. Mon frère savait déjà faire des meubles, il était très doué, comme à l'école toujours le premier de la classe. Tandis que moi, j'étais le premier à côté de la sortie. Quand j'étais jeune, j'étais jaloux de lui. Je ne faisais que des bêtises tandis que lui c'était un ange. Un jour où nous étions partis ensemble pour aller à l'atelier de menuiserie, je m'arrêtai en cours de route pour jouer au foot avec des copains. Je dis à mon frère :

- Dis au patron que je suis resté un peu plus tard à la maison et que j'aurai une demi-heure de retard.

Mais lui bien sûr, donna la version originale, celle où j'étais resté pour jouer au foot dans la rue avec des copains. En arrivant au travail, le patron me dit :
- Viens ici. Tu viens d'où ?

J'ai essayé de mentir, en même temps je regardais mon frère qui riait dans sa barbiche. J'ai compris qu'il m'avait vendu. Alors, ni une ni deux, mon patron m'a donné deux gifles tellement fortes que ma tête a été une fois à droite une fois à gauche et il m'a dit :

- Tu vois ça, c'est des bonbons !

- Je lui ai répondu :

- Les chocolats, vous les gardez pour vous.

Et je suis parti en courant. J'attendis mon frère avec impatience à la maison. Je le guettais de loin et dès qu'il se trouva à cinquante mètres, je bondis sur lui comme un diable et le balançai dans les ronces. Une fois sorti des ronces, il enleva toutes les épines. J'essayais de me cacher, car il était tellement « en pétard » qu'il me faisait peur. Il réussit à me rattraper et me jeta par terre et avec son pied il m'écrasa le cou au sol pendant dix minutes. Plus je bougeais, plus il serrait mon cou et je fus obligé de lui demander pardon. C'est ce qui me fit le plus mal, c'est de lui demander pardon !

Mes sœurs étaient toutes indifférentes, seule Albina qui rigolait tout le temps, Anna, la plus jeune, je ne l'approchais pas, car elle avait plein de boutons sur la tête. Elle me dégoûtait. Elle était toujours entourée de mouches et pleurait tout le temps. Toutes les bêtises faites à la maison, c'était la faute d'Anna. Mais ma mère, en rentrant le soir, n'était pas contente de voir sa petite fille être le souffre-douleur de tout le monde.

Je ne savais pas comment me venger de mon frère, mais j'eus une idée. Dans le jardin, il y avait un grand mûrier. On donnait les feuilles aux vers à soie. Mon frère allait tous les jours faire pipi au pied de l'arbre. Avant qu'il ne vienne, je grimpai en haut de la cime, sachant qu'il ne pouvait pas monter. Quand il se mit à faire pipi, je fis mes besoins sur sa tête. Mon frère se mit à crier comme un fou, car il était en retard pour aller à l'école. Il se rinça rapidement la tête et le visage, et le voilà parti. Après deux heures d'attente je pus descendre de l'arbre, mais en bas je tombai sur ma mère qui m'attendait. Elle me prit par le bras, alors que j'essayais de me dégager.

- Calme-toi Giuseppe je veux te parler calmement et écoute-moi ! Tu as maintenant neuf ans, tu dois te décider à faire quelque chose. Soit apprendre un métier, soit aller à l'école et c'est maintenant que ta vie doit se décider, car la vie est longue et pleine d'obstacles. Regarde ton père, il était très riche et il est devenu misérable et c'est moi qui dois travailler pour vous tous et tu sais très bien qu'ici, en Calabre, c'est une honte que la femme travaille.

Je l'écoutais avec les mains dans les poches, la tête tournée de côté, mais mes oreilles écoutaient très bien. Elle m'a regardé bien dans les yeux et d'une voix sévère m'a dit :

- Giuseppe, écoute-moi bien c'est la dernière fois que je te donne des conseils. Soit tu m'écoutes, soit je vais faire des papiers pour t'envoyer dans une maison de correction et tu n'en sortiras qu'à dix-huit ans, mais au moins là tu pourras aller à l'école, apprendre un métier et tu seras nourri en même temps. Donc je te donne encore une chance. Que veux-tu faire comme métier ?

Je lui répondis aussi sec : coiffeur. Mais je n'étais pas sûr de moi. J'ai dit coiffeur comme j'aurais dit : pilote de ligne.

Elle me laissa à la maison et la voilà partie trouver un maître coiffeur. Le soir, je l'attendais avec impatience. Enfin elle arriva vers dix heures, je ne dormais pas encore. Avant qu'elle n'ouvre la bouche je lui fis les poches, car souvent elle avait un bonbon pour moi. Elle me donna un bonbon, en échange de quoi je lui donnai un bisou. Toute la famille s'était mise à table pour manger, manger c'était vite dit et vite fait, un plat de riz avec des brocolis que mon père cultivait dans le jardin. Mes sœurs et mon frère avaient les coudes sur la table et les mains sous le menton. Ils se regardaient tous avec un petit sourire comme s'ils savaient que ça allait être ma fête. Mon père ne disait rien, lui, parce qu'il mangeait et souvent en mangeant il fermait les yeux. Il n'y a que comme cela que je pouvais de temps en temps piquer dans son assiette. Ma mère mit sa main sur mon épaule :

- Regarde-moi Giuseppe, sache que je t'ai trouvé un maître coiffeur. Donc, demain matin tu te présentes de ma part à huit heures trente.

Le coiffeur se trouvait en face du vieux marché chez Ciccio.

Très content et bien habillé avec un short et une chemise à manches courtes, évidemment toujours pieds nus, bien coiffé, je me présente devant Ciccio. Je lui dis :

- Bonjour.

Lui me répond :

- C'est toi l'artiste ?

- Oui !

- Commence par balayer, le balai se trouve dans le cagibi à côté. Quand tu auras fini tu restes debout dans un coin et tu me regardes travailler, car mon petit c'est comme ça qu'on apprend le métier. Vois-tu un métier on ne l'apprend pas, mais on le vole.

Cela dura trois semaines. En fin de compte il me dit :

- Tu vas apprendre à faire la mousse.

Il m'a donné un bol en aluminium, des morceaux de savon un peu vieux, un blaireau.

- Vas-y, tourne tout cela et tu verras la mousse se former.

En effet c'était très joli à voir, mais j'en avais plein les mains et la mousse tombait par terre.

- Eh ! Mon petit pas de ça, pas par terre, mais dans le bol !

Enfin j'étais très content, j'avais appris à faire de la mousse.

Grâce à ça en rentrant à la maison je faisais de la mousse et avec un petit instrument je faisais des ballons de toutes les couleurs je montais même sur une échelle pour les envoyer plus haut. Le lundi matin je retournais au travail, le patron commençait à avoir confiance en moi.

- Aujourd'hui mon petit, tu mets la serviette autour du cou du client et tu lui mets la poudre.

Car, en Italie, un client va presque tous les jours se faire

faire la barbe. C'est pourquoi on appelle un coiffeur « le barbier ». Mais ma joie fut de courte durée. À la fin de la semaine un samedi matin, un client entra. Le patron lui dit :

- C'est pourquoi ?

- C'est pour la barbe.

-Giuseppe ! C'est pour toi. Fais attention c'est ton premier client.

J'ai pris une chaise en paille et la place au milieu du salon.

- Asseyez-vous s'il vous plaît.

Le client assis, je lui mis la serviette autour du cou. Ce client avait à peu près trente ans, une barbe noire et très dure. Je préparais la mousse avant de la lui étaler sur la figure. Je tournais avec le blaireau et je commençais. Lui me parlait en me faisant des compliments au fur et à mesure que je lui savonnais le visage, sa main me caressait les fesses. Alors je lui ai enfoncé le blaireau plein de savon dans la bouche au fond de la gorge. J'ai lancé le balai par terre et le barbier Ciccio ne m'a jamais revu.

En même temps, j'avais en tête l'histoire dont ma mère m'avait parlé concernant la maison de correction. Évidemment, je ne suis pas rentré chez moi. Je suis allé chercher un copain pour aller jouer au foot. Après le foot on est allé voler des fruits pour pouvoir manger et aller à la campagne pour chercher des armes, des balles, des baïonnettes et surtout des mines pour faire des fusées, car c'était la fin de la guerre. Le soir on s'est endormi à la belle étoile au bord de la mer. Au milieu de la nuit, nous eûmes faim. Alors je dis à mon copain :

- Dans une rue, il y a un boulanger que je connais. Je vais lui demander de travailler gratuitement juste pour deux nuits.

La nuit arrivée, nous allumâmes le four avec des branches d'arbres qui se trouvaient à la porte d'entrée, en face du four. Après avoir retiré les braises du four, le patron mit le pain (des miches rondes). Une fois cuites, il les amena au magasin. Pendant ce temps, je pris une miche et la cachai sous les branches près de la porte. Je donnais le signal à mon copain qui attendait dehors, en tapant sur la porte. Il entra, pris la miche de pain et alla m'attendre plus loin. Quand le patron vint pour prendre les autres miches je lui dis :

- Je vais aux toilettes.

Et il ne me revit jamais. Mon copain et moi allâmes à la plage pour manger la moitié de la miche et enterrer l'autre moitié dans un journal pour manger à midi. Nous jouâmes au foot toute l'après-midi. Le soir arrivé mon copain me dit :

- Tu sais, il faut rentrer à la maison. Nous ne pouvons pas rester toujours dehors, quitte à recevoir une bonne correction, mais il faut rentrer.

- Tu fais ce que tu veux !

Il m'a planté là et il est parti. Mais moi je n'étais pas décidé à rentrer. Alors je commençais à me balader au centre-ville, via Vittorio Emanuel 7. La rue était très éclairée avec beaucoup de magasins ouverts. Soudain une moto s'arrête près de moi pour me demander une rue. Le monsieur venait de la villa à côté. Je le regardai ! Il avait une quarantaine d'années et il lui manquait, je m'en souviens très bien, la main gauche. Je lui dis :

- Je vous accompagne.

- Ah ! c'est gentil.

Nous voilà partis, mais le monsieur ne prenait pas la rue que je lui indiquais.

- Où allez-vous, ce n'est pas la rue !

- Ne t'inquiète pas, je te fais faire un tour.

Et il m'emmena en dehors de la ville à deux kilomètres près du chemin de fer. Il s'arrêta et descendit de la moto. Il m'attrapa par les épaules et me fit descendre. Toujours maintenu par les épaules avec la main valide (il ne pouvait pas utiliser l'autre main) il me dit avec une voix méchante :

- Tu vas défaire ma braguette !

J'obéis. Quand je sortis son « engin », je lui dis :

- Si vous voulez que je continue, il faut me lâcher les épaules.

Il n'a pas eu le temps de me lâcher que je me suis échappé sur le chemin de fer. Lui en moto ne pouvait pas longer la voie. En dix minutes j'arrivais dans ma ville, Siderno. (J'avais neuf ans.) - A dix-neuf ans je le rencontrais de nouveau à quatre kilomètres de chez moi. Il tenait un magasin de vêtements pour homme et j'ai acheté un pull en lin que je porte toujours. L'homme a fait semblant de ne pas me reconnaître et moi je fis de même. J'avais eu tellement peur que, une fois arrivé en ville, je décidai de rentrer chez moi, mais j'avais tout de même le trac.

En arrivant devant la petite cour, mon cœur battait comme un moteur. Il faisait noir et tout le monde à l'intérieur parlait de moi. J'entendais tout, car j'écoutais derrière la porte. Ma mère pleurait et mon père lui disait :

- Ne t'inquiète pas quand il aura faim il rentrera.

Mon frère lui, attisait le feu.

- Oui ! Il faut l'attacher et lui donner une bonne leçon une fois pour toutes !

En entendant ça, je me dis « Ce n'est pas le moment de rentrer. » Je pris une sage décision à côté de la maison, il y avait un four et en bas du four il y avait une étable avec beaucoup de paille. C'est là que vivait le cochon et je décidai d'aller dormir avec lui. Je l'attrapais par le cou pour qu'il ne bouge pas et, en même temps, il me tenait chaud. Mais cet imbécile de cochon se mit à brailler d'un seul coup. Mon père entendant cela se mit à crier :

- On nous vole le cochon, vite, vite prenez tous des bâtons.

Ils sont restés figés devant la petite porte de l'enclos du cochon. Ma mère dit :

- Qui est là ? Sortez !

Je commence à sortir avec les mains en avant et, à voir ma tête, ils ont tous éclaté de rire. Je balisais et en même temps je rigolais avec eux.

CHAPITRE V

– LA BOULE DE CRISTAL- L'ENFANT AUX PIEDS NUS-

À compter de ce jour ma vie va complètement changer. Bouleversé, je n'ai que dix ans et me voilà un adulte, car je dois affronter le futur. C'est là que tout bascule sans le vouloir. Ma mère est décidée à m'enfermer dans la maison de correction. En effet le dossier est prêt et j'allais partir dans deux ou trois mois. J'étais très content, car je ne me rendais pas compte de ce que cela signifiait. Pour moi, ma mère avait toujours raison. C'est elle qui guidait ma route, elle m'adorait. J'étais son petit Pino.

Un matin en me levant, elle me dit :

- Giuseppe, aujourd'hui tu viens avec moi chez une voyante.

Elle avait laissé un peu d'argent dans un matelas et il avait disparu. Nous nous sommes mis en route mais la voyante habitait au moins à sept à huit kilomètres de ma ville. Il fallait marcher en pleine campagne dans des sentiers très étroits pour arriver tout en haut d'une montagne. De loin je voyais une maison blanche et grise de vétusté. À côté il y avait un tout petit cimetière. C'est là que la voyante allait vers minuit pour parler avec les morts. C'est tout du moins ce qu'elle nous dit. En entrant tout de suite à droite il y avait une salle d'attente pleine de monde. Quand enfin la dame vient nous chercher, il faisait presque nuit.

-Venez, dit-elle, entrez dans cette pièce.

Je suis rentré le premier et tout en restant debout je regardais autour de moi. J'avais peur, car la pièce se trouvait dans le noir avec des objets qui pendaient de tous les côtés. Au milieu de la pièce se trouvait une table ronde, dessus une nappe en dentelle blanche et au milieu de la table un bocal de verre blanc. À l'intérieur il y avait comme de la neige. La voyante nous dit :

- Asseyez-vous ! Que le petit s'asseye près de moi. C'est lui qui doit voir, ce sont les yeux d'un innocent.

J'avais le trac, car la dame n'était pas commode. Elle ressemblait à une vieille sorcière, les cheveux tout défaits, une grande bouche et des mains toutes calleuses avec des ongles sales. Elle ferma les yeux pour faire des prières. Elle était encore plus laide avec les yeux fermés. Elle me prit les deux mains qu'elle serrait très fort.

- Répète avec moi ! Je vois, je vois trois fois.

Et je regarde la boule de verre. En effet je vois comme l'image d'une enfant, pieds nus, avec des nattes attachées avec des rubans rouges, et une robe à petites fleurs, courte jusqu'aux genoux. J'explique à ma mère ce que je distingue. Elle se leva et se mit à crier :

- Oui je savais que c'était elle ! La fille de la voisine !

Je regardai ma mère avec la bouche et les yeux grands ouverts. La nuit était tombée. On ne pouvait pas faire le chemin de retour, car la route était tout escarpée et il n'y avait pas de lumière. La voyante qui connaissait ma mère lui dit :

- Vous allez coucher ici.

Elle mit un grand matelas de paille parterre et nous voilà couchés ; évidemment tout habillés. Il faisait très froid et ma mère me réchauffait la main avec la buée de sa bouche. Le lendemain matin la voyante nous donne à chacun une orange pour prendre des forces, car il y avait beaucoup de route à faire. Pour la payer, je crois que ma mère lui donna un métrage de tissu. Et nous voilà partis sur le chemin du retour, car ma mère était pressée d'aller questionner la fille aux nattes. Nous sommes arrivés au début de l'après midi. Mon père était en pleine sieste et il ne fallait pas surtout pas le déranger. Toutes mes sœurs se sont mises autour de ma mère pour avoir des nouvelles et nous avons raconté toute l'histoire. Mes trois sœurs sont restées près de nous sauf l'aînée qui ne s'est pas approchée.

Ma mère est partie voir les parents de la fille aux nattes. Évidemment, ils ont nié tout en bloc et l'ont prise pour une folle. Le père de la fille m'a donné une bonne fessée voilà qu'elle fut ma récompense pour avoir regardé une boule en verre. Bien des années plus tard, la deuxième sœur m'a confirmé que c'était ma sœur aînée qui avait pris l'argent, mais ma mère ne l'a jamais su. Ma mère n'est pas restée très longtemps à la maison, il fallait aller travailler, Elle arrivait toujours en retard, car elle s'arrêtait presque dans toutes les maisons. Elle avait besoin de réconforter les gens qui se plaignaient de la misère, de leurs douleurs et de leurs problèmes familiaux. Elle avait toujours un mot gentil avec les pauvres et, parfois, elle partageait avec les autres le peu de nourriture qu'elle amenait à la maison. Parfois on l'appelait pour aider à un accouchement, elle faisait aussi la sage-femme. Elle était incroyable, c'était la vraie Mère Térésa. Elle cherchait même des animaux pour leur donner à manger. Elle ne s'arrêtait jamais. De mon côté, je voulais me rendre utile. Je prenais un bidon et j'allais faire du porte à porte pour demander qu'on me donne des restes pour nourrir mon cochon.

Un jour, ma sœur Albine me donna une pièce de monnaie pour que je m'achète des bonbons, car Albine travaillait, elle était couturière. Au moment où j'achetai les bonbons, un garçon plus grand que moi vit que le marchand me rendait la monnaie. En sortant de la boutique il me suivit et au tournant d'une petite rue il me mit un couteau sous la gorge et m'obligea à lui remettre mon argent et les bonbons. Tous les jours à la même heure, il fallait que je lui amène la même somme d'argent sinon il me tuerait. En rentrant à la maison je ne dis à personne que je venais d'être racketté. Ma sœur mettait l'argent qu'elle gagnait dans une tirelire. À l'aide d'une tige de fer je prenais l'argent pour le remettre au racketteur, jusqu'au jour où n'en pouvant plus, m'armant de courage je bondis sur lui comme un lion en l'attrapant par le cou, et le jetai par terre. Je mis mes deux mains ensemble et lui tapai tellement fort sur le visage qu'il saignait comme un porc égorgé. Dès ce jour il me laissa tranquille. Au contraire il voulait devenir mon ami pour que nous unissions nos forces pour faire des « mauvais coups ». Je n'ai jamais marché. J'avais assez de problèmes avec ma mère pour continuer à faire des bêtises avec un autre.

Pour gagner un peu d'argent je cherchais partout de la ferraille, spécialement du cuivre, car il y avait un ferrailleur qui l'achetait. Je gagnais assez pour m'acheter des marrons au marché. Le soir, nous allions souvent dans le couloir du centre. C'est là que ma sœur Albine faisait de la couture très tard dans la nuit. Tout le monde se mettait autour du brasier pour se réchauffer. Parfois, on se chauffait tellement les pieds qu'on avait des engelures et les jambes de ma sœur étaient tellement rouges qu'elles ressemblaient à des saucisses, avec ses veines tout en zigzag. Albine travaillait à la lueur d'une bougie et, au fond de cette pièce, il n'y avait pas de lampe. La cuisine était tellement noircie par la fumée de bois que personne ne voulait y aller. Un soir je me suis caché dans la pièce jouxtant la cuisine, j'ai pris un drap blanc et l'ai attaché avec une ficelle que j'ai passée en haut des poutres qui tenaient les tuiles. Le restant du drap traînait par terre. Mes sœurs ont demandé à mon père d'aller chercher un verre d'eau pour mon frère Dominique qui était en train d'étudier. Mon père ne voulait pas y aller, car il avait peur mais tout le monde insistait en le traitant de trouillard. Alors il se décida à y aller mais quand il arriva au centre avant la cuisine je tirais fort la ficelle donnant ainsi au drap une impression de vie. Mon père crut voir un fantôme. Il eut tellement peur qu'il fit marche arrière restant paralysé il lança une pièce sur le front de mon frère. Celui-ci garda toute sa vie la marque de l'entaille que cela lui fit.

Cela se passait la veille de la Toussaint, ma mère se faisait toute belle habillée en noir pour aller au cimetière. C'était le matin, vers neuf heures, les caniveaux étaient pleins d'eau. La veille il avait plu et en Italie du sud les caniveaux sont très hauts (au moins 40 cm). J'avais piqué le vélo de mon père qui se déplaçait toujours avec. J'ai attendu ma mère en bas près du carrefour. Je lui ai dit :

- Viens maman monte sur le cadre.

- Mais non, mon fils, laisse-moi tranquille, je monte à pied, car je suis très bien habillée.

J'insistais :

- Mais viens, le cimetière est très loin à quatre kilomètres.

La pauvre n'eut pas eu le temps de s'asseoir sur le vélo que je basculai sur la route, car le pied gauche était sur le caniveau mais le droit sur la pédale qui se trouvait quarante centimètres plus bas. Ma pauvre mère s'est retrouvée avec les pattes en l'air et les fesses dans l'eau. J'ai eu tellement peur que j'ai tout abandonné. Heureusement que cela se passait à cinquante mètres de chez moi, car elle a pu y retourner pour se rhabiller. Moi je suis parti en courant pour trouver Nino un de mes meilleurs amis. Je lui ai raconté mon exploit. Il a rigolé et je lui ai dit :

- Ce n'est pas tout, on n'a pas d'argent. Maintenant tu m'écoutes et tu vas me suivre, allez je t'embarque au cimetière

Arrivés au cimetière, je lui dis :

- Regarde biens les gens qui arrivent avec des bougies.

Les visiteurs avaient de petites bougies rondes entourées de papier pour les protéger du vent. On surveillait les gens qui posaient les bougies près des tombes et qui ne restaient pas trop longtemps. On piquait les bougies, on les éteignait et on allait les vendre à l'entrée pour moitié prix. J'avais avec moi une petite paire de ciseaux pour couper le bout de la mèche un peu brûlée et l'affaire était faite. Avec l'argent qu'on avait gagné on allait en ville dans un magasin pour acheter des châtaignes. Sans la peau, elles étaient passées au four et elles devenaient très dures. Parfois on allait manger avec mon copain chez l'homme le plus riche de la ville. On était tous dehors, en file indienne, avec un bol et on recevait une louche de haricots secs et des petites pâtes. C'était un peu les restos du cœur. Parfois on allait à la mairie pour voir si les Américains distribuaient des colis. Souvent, il y avait des tablettes de chocolat et surtout, des galettes dures comme de la tôle. Pour les manger il fallait être près d'un robinet d'eau pour boire, sinon, on risquait de s'étouffer. Un jour, il y a eu aussi du lait en poudre. J'ai ouvert le paquet et remplis ma bouche de lait mais le problème c'est que je ne pouvais plus ni la fermer ni l'ouvrir, tout était collé. Heureusement que je respirais par le nez sinon je pouvais mourir étouffé. J'ai pris mon index en guise de pelle, et j'ai commencé à enlever toute la poudre. Je me suis nettoyé le palais et les dents pendant une heure avec la langue. En rentrant à la maison je raconte l'histoire du colis à Dominique .

- Bien fait pour toi ! Dommage que tu ne te sois pas étouffé.

Le soir, quand ma mère est rentrée mon frère s'est précipité pour lui dire que j'étais passé à la mairie pour le colis. Elle s'est approchée de moi et dit à mon frère :

- Tiens-le et surtout tu ne le lâches pas !

Je m'en souviens encore. Je n'avais jamais reçu autant de gifles. Mais lui, mon frère, qu'est-ce qu'il a reçu comme coups de pieds, car il me tenait par-derrière. J'ai failli lui casser les genoux. C'est que, le soir, il fallait coucher avec lui dans le même lit. Alors là il n'en était pas question ! J'ai pris une couverture et j'ai dormi par terre.

Le lendemain ma mère m'appelle :

- Giuseppe, ça y est, j'ai tout le dossier et on peut partir pour la maison de correction la semaine prochaine. En attendant, viens avec moi pour voir où je travaille les après midi.

Eh oui, car le matin elle allait faire du troc entre le marché, les magasins et la campagne mais l'après-midi elle faisait un autre travail. Alors elle m'a fait entrer dans un dépôt. Par terre il y avait des monticules de figues grosses et toutes blanches ainsi que des oranges. On était chez « Il cavaliere Guzzi ». L'entrée était une porte en fer, au rez-de-chaussée et à droite un escalier qui montait dans un appartement. Ce monsieur me regarde et met sa main dans sa poche. Il en sort une pièce de monnaie.

- Tiens vas t'acheter des bonbons.

J'ai pris la pièce en lui disant :

- Merci Monsieur.

Et je suis parti. Mais pour acheter des bonbons je courais, rapide comme le vent. Une demi-heure après, j'étais de retour. J'ai une sale habitude : celle de regarder par le trou de la serrure. Avant de rentrer j'approchais mon œil. Là je vis ma mère sur les genoux du Cavaliere et c'était comme si le ciel m'était tombé sur la tête. Je n'ai même pas frappé à la porte, je ne suis pas entré. J'ai complètement disparu. J'ai marché de long en large sur la plage. J'étais paralysé, muet, je ne savais plus quoi dire. Je n'avais que dix ans et j'en ai pris dix de plus en l'espace de dix minutes. Ce que j'ai vu ce jour personne ne l'a su jusqu'à aujourd'hui. Je porterai sur mes épaules ce secret toute ma vie, car, pour moi, ma mère était la plus belle du monde, la plus courageuse, et puis c'était ma mère, elle était à moi à personne d'autre.

À partir de ce moment je ne souris plus à personne. Je ne comprends pas ce qui m'arrive, même encore aujourd'hui, au moment où j'écris, mes yeux se remplissent de larmes.

Quand ma mère est rentrée ce soir-là, elle vint comme tous les soirs m'embrasser et me donner un bonbon. Je l'embrassais, je pris le bonbon, mais je ne pus sourire comme d'habitude. Je passais toute la nuit à pleurer sur ma couverture, car je n'avais pas de drap. Elle me demanda pourquoi j'étais triste. Alors, je me jetais dans ses bras et je lui dis :
- Maman, mais moi je t'aime.

Et je n'ai jamais dit pourquoi.

À partir de cet instant, ma vie va changer. Le matin en me levant ma mère me dit :

- Giuseppe, je vais te préparer un sac pour partir à la maison de correction.

J'étais très content de m'en aller.

- Bon, dit-elle, nous partirons demain mais aujourd'hui on va se promener en ville.

Nous voilà l'un à côté de l'autre sur le boulevard Garibaldi. Un tailleur « Serafino » que ma mère connaissait était établi dans la rue. Nous nous sommes arrêtés pour que ma mère lui dise un petit bonjour. Le tailleur m'a dévisagé et en regardant ma mère lui dit :

- Vous avez un beau garçon !

Elle a répondu :

- Oui ! Mais il est terrible. Demain je l'emmène dans une maison de correction.

Monsieur Serafino lui a répondu :

- Mais vous êtes folle ! Vous ne savez pas ce que cela veut dire. Écoutez Maria (car ils se connaissaient et lui l'appelait par son prénom) vous allez laisser ce petit garçon chez moi et vous verrez ce que je ferai de lui. Je le garde chez moi pour un bout de temps jour et nuit .

Ma mère lui a répondu :

- Vous prenez une lourde responsabilité.

- Ne vous inquiétez pas, j'en ai dressé beaucoup d'autres.

Ma mère rentra à la maison reprit le baluchon et l'amena chez Monsieur Serafino. Alors le maître me prit par la main et m'emmena derrière où se trouvait la cuisine et un jardin. À côté de ce jardin il y avait une maison. Seuls les murs étaient restés debout, car les bombes allemandes avaient fait tomber le reste, et en regardant vers tous ces gravats je vis sortir trois jolies filles. Le maître dit :

- Giuseppe ce sont mes trois filles. Tu vas jouer avec elles.

Nous avions le même âge. Elles me présentèrent leurs deux frères : Mimino et Arthur. Mimino était étudiant, mais Arthur travaillait avec son père, car il avait dix-huit ans C'était un grand modéliste ; il n'aimait créer que pour les femmes alors que son père était tailleur pour hommes. Il travaillait avec le coup d'œil, pas avec les proportions comme tous les tailleurs, il était un peu fantaisiste.

Le tailleur était très malin, il me laissait jouer avec ses filles pour m'attacher à la maison. Une demi-journée à jouer et une demi-journée à le regarder travailler. Je regardais ses mains : elles allaient très vite. Sa femme travaillait également avec lui et il avait un apprenti Guiseppe. Il s'appelait comme moi, mais ne jouait pas avec les filles et pour cause il avait joué avant moi, donc le jeu des filles était à part. D'ailleurs, l'autre Giuseppe n'est pas resté ; un jour il s'est envolé par la fenêtre, il recevait trop de coups de pieds du maître. De temps en temps, le maître mettait son fils Arthur au garde-à-vous comme un militaire et lui donnait deux gifles sur la joue droite et deux gifles sur la joue gauche tellement fort que sa tête allait une fois à droite et une fois à gauche. En voyant cette scène je me tenais à carreau. J'ai dit aux filles :

- Votre père frappe comme un fou !

- Eh oui, tu sais ce qu'il te reste à faire.

En effet, j'ai complètement changé. Arthur m'aimait bien, d'ailleurs tout le monde ici était attaché à moi. J'ai commencé à piquer à la machine. Le maître m'a attaché le doigt avec un dé sans fond. (Celui de la femme est fermé mais celui de l'homme est ouvert, car nous poussons l'aiguille de côté) Il fallait le garder même la nuit et ceci pendant un mois. Arthur m'a appris à faire les pantalons et les gilets. Tout était cousu à la main. J'étais très heureux de travailler dans cette ambiance familiale. Quand je voulais rentrer chez moi, pas moyen de rentrer seul, Arthur était toujours derrière moi et ne me lâchait pas d'une semelle.

Je rentrais à la maison surtout pour me laver la tête, sans shampoing évidemment, mais avec du savon noir que ma mère faisait elle-même et, croyez-moi, malgré mes soixante-dix ans, il ne me manque pas un cheveu sur la tête. Je me lavais les cheveux une fois par semaine. Pour l'hygiène dentaire, c'était la même chose, je me nettoyais les dents avec de l'eau claire et avec les doigts et la première fois que j'ai vu un dentiste j'avais cinquante ans, et ce n'était que pour une carie. À propos des vaccins, je n'ai jamais été vacciné excepté contre le tétanos, car j'allais toujours pieds nus et souvent je marchais sur du verre ou des clous rouillés.

Un jour, un de mes copains qui avait un vélo sans freins me proposa de faire un tour. Évidemment j'acceptais. Je montais sur le cadre avec les talons sur les papillons de la roue Malheureusement la rue descendait, le vélo prit de la vitesse et mes talons fatiguaient, car je ne portais pas de chaussures. Je dis à mon copain :

- Arrête, arrête !

Mais il ne pouvait pas s'arrêter, faute de freins. Alors je tourne mes pieds vers l'intérieur pour arrêter le vélo. Il s'arrêta, mais mon orteil tenait par un bout de peau. Les rayons avaient lacéré mes orteils. Voilà pourquoi, on m'avait vacciné contre le tétanos.

Revenons à Arthur. Il m'attendait, restait toujours près de moi, car ma mère les avait prévenus, je pouvais me sauver par le jardin en sautant la haie de ronces.

Après un an d'apprentissage je savais faire un pantalon, le gilet et la jupe. Je n'avais que onze ans et un jour le maître me dit :

- Bon, nous allons déménager à Rocella.

C'était une ville à quinze kilomètres de Siderno. Il y avait acheté une laverie automatique, et j'étais chargé de m'occuper du nettoyage (c'est-à-dire mettre les vêtements dans la machine). Auparavant il fallait les faire tremper et les frotter avec une brosse trempée dans du trichloréthylène J'ai fait ça longtemps parce qu'il m'accompagnait dans une belle voiture et mon plaisir à moi, c'était le changement de vitesse au volant. Mais un jour que le maître était très content et très gai, j'en ai profité pour lui dire que j'avais plus envie de faire de la couture que du nettoyage à sec. Il a bien compris ma demande.

- Bon, ne t'inquiète pas, je vais te placer.

En effet, j'ai compris longtemps après qu'il m'avait vendu chez un tailleur à Siderno. Ce tailleur avait son atelier en face du sien et ils se connaissaient bien. Il m'a vendu en effet je savais travailler et je n'étais pas payé. Alors, j'ai commencé l'apprentissage chez Pietro. Il avait une femme, une belle-mère et un enfant de quatre ans. À présent lorsque je retourne de nouveau à la maison, je suis très sage, je ne me sauve plus. Mon nouveau maître se trouve à environ trois kilomètres de chez moi. Pour aller à mon apprentissage, il fallait prendre en bas de chez moi un petit carrefour. Tout droit, c'était la Via Bello et à droite, notre rue. Pour aller travailler j'avais donc deux possibilités. Dans ce carrefour il y avait un mur qui donnait dans mon petit quartier et souvent, le dos appuyé contre ce mur, se tenait le « Parrain », chef de la Mafia et nous, les enfants, on lui faisait toujours le baise-main car c'est lui qui s'occupait des problèmes des habitants de la ville et non les carabiniers. Les affaires ne traînaient pas : le Parrain appelait les personnes en conflit, leur faisait la morale et trinquait ensuite avec eux d'un verre de vin du pays. À côté de lui, se tenait Paolo, un monsieur d'une trentaine d'années. Je revois sa tête toute blanche tel un albinos ; il était aveugle. C'est lui qui protégeait mes sœurs et ma famille. Tous les jours, il venait pratiquement dans ce carrefour. Pourtant il habitait dans la campagne à quatre kilomètres de là. Je ne sais pas comment il retrouvait sa route, car elle était loin d'être droite. Tous les événements se passaient dans ce carrefour ; c'est là que finissait la ville et commençait la campagne. Je me souviens et ne pourrai oublier.

Un matin me rendant à l'apprentissage je rencontrai une amie de ma sœur Albine. Quand elle arriva au centre du carrefour, un monsieur s'approcha d'elle. Je n'ai aucune idée de qu'il lui a dit j'ai simplement entendu la fille qui lui disait :

- Vas-t-en, c'est fini, je ne veux plus de toi, c'est terminé !

Je vis l'homme mettre la main dans la poche droite de son veston en en sortir un couteau. Il appuya sur un bouton et une lame en sorti. Puis il commença à donner des coups de couteau dans la poitrine, dans le ventre, et sur la tête. Il tapait, tapait comme un fou jusqu'au moment où la jeune fille s'étant accrochée à lui, glissa par terre. Le sang giclait de tous côtés et elle est restée par terre dans une mare de sang. L'homme prit la fuite, mais j'ai eu tellement peur que j'ai lâché le bout de pain que mes sœurs m'avaient préparé avec de l'huile et du piment rouge en poudre et j'ai couru aussi vite qu'un sprinter vers mon travail pour raconter à mon maître ce qui venait de se passer. J'ai su après que la police avait arrêté le meurtrier.

Donc je commence mon apprentissage chez Pietro le maître. Il avait des règles de travail assez strictes. Tout d'abord en arrivant il fallait balayer l'atelier et sa maison, il fallait prendre son fils dans nos bras. Parfois je le pinçais pour qu'il pleure, afin que sa mère le prenne dans ses bras. On travaillait de 8 h 30 à midi et de 14 h à 19 h, mais je n'avais pas de montre et le maître, trichant, me faisait toujours partir vers 12 h 15. En été, on travaillait dehors. Alors pour ne pas me faire avoir je plantais par terre deux clous au niveau de l'ombre de la maison, un clou à 11 h et le deuxième clou à midi précisément. À midi je partais. Il ne comprenait pas ma précision sur le temps. Un jour il me dit :

- Dis-moi, Giuseppe, comment sais-tu qu'il est midi net ?

Évidemment, je ne lui ai pas révélé mon secret sinon il aurait arraché les clous. Je lui disais qu'un monsieur passait en vélo et qu'il me faisait signe avec sa montre. Pendant ces deux heures j'avais le temps d'aller à la mer et de jouer une heure au foot. À midi, je ne mangeais pas. En passant, j'arrachais en haut du mur quelques figues. En arrivant à quatorze heures, il fallait aller à la cuisine pour faire la vaisselle, pendant que la patronne faisait la sieste. Après, on allait regarder le maître travailler. Par rapport au premier il était encore plus dur car, avec lui, il ne fallait pas se tromper sinon c'était la gifle assurée. Un jour, j'ai déchiré l'entrejambe d'un pantalon. Alors là, il m'a monté en l'air par les deux oreilles il a failli me les décoller. Ma mère, ulcérée, est venue s'expliquer avec le patron. Il s'est excusé devant ma mère, mais pas devant moi. Il a été pris d'un coup de colère, car le pantalon appartenait à un client et soi-disant, il ne pouvait pas en faire un deuxième.

La maison de couture se trouvait à l'angle d'une petite rue et du corso Garibaldi d'ailleurs il parait que Guiseppe Garibaldi est entré dans cet atelier le jour où il est venu en Calabre. À côté de l'atelier se tenait un tout petit bureau de tabac. C'est là que mon maître achetait ses cigarettes au détail : deux ou trois au maximum par jour. Il allumait une cigarette, tirait une bouffée et l'éteignait et ceci plusieurs fois par jour, car il n'avait pas les moyens d'acheter un paquet.

Il travaillait beaucoup, mais le client ne payait pas. Pour faire un costume, il mettait au moins une semaine, car il travaillait tout à la main. Sa femme lui donnait un coup de main, ainsi que nous ses apprentis qui étions au nombre de cinq ou six. Il y en avait un qui avait au moins vingt ans, mais il me demandait pourtant des conseils à moi qui ne venais que d'entrer dans la maison. Le maître ne s'occupait pas de lui, car il était têtu. Il comprit que j'étais doué pour la couture alors il me gardait toujours près de lui et il m'expliquait toutes les ficelles du métier.

L'été on travaillait dehors, car il faisait très chaud à l'intérieur et on quittait plus tôt, vers 18 h Il n'y avait pas de travail et après 18 h j'allais en face pour apprendre la musique. Je me souviens encore du maître. C'était un vieux monsieur avec des cheveux blancs très longs et une grande barbe blanche. Il vivait dans une grande pièce toute en pierres blanches qui ressemblait à un garage de 60 m2. Dans un coin, il avait pour faire sa cuisine deux briques de chaque côté et au milieu une marmite toute noire. À côté, un lit de 90 cm avec un matelas en paille. Il nous donnait des cours gratuits. C'était un grand professeur, mais il vivait dans un état de grande indigence. Je prenais chaque soir une heure de cours de solfège. Six mois après, je ne sais pas comment, j'ai récupéré une trompette. Alors il a essayé de me donner des cours. Pour commencer j'ai essayé de souffler. J'avais beau faire des efforts impossibles de sortir une note. Le professeur tenait le bout de la trompette et moi, je m'escrimais à souffler dedans. Malgré les coups qu'il me donnait, pas moyen d'obtenir un Do, en effet, au fond de la trompette il y avait une souris qui empêchait les notes de sortir. À force de pousser, la souris a été expulsée et a atterri en pleine face du professeur. Je me suis arrêté au bout d'un an.

Revenons à la couture. Comme je l'ai dit l'été était très agréable, car on travaillait moins que l'hiver. J'en profitais pour faire du foot et aller à la plage. Parfois, le dimanche on allait jouer dans une autre ville à quinze kilomètres de distance. Avec tous les copains on partait en patin à roulettes, A l'époque, on les attachait avec des lanières de cuir. Imaginez un peu faire quinze kms pieds nus sur des patins attachés avec des lanières. J'avais tout de même trouvé une paire de chaussures de foot, les crampons étaient tout usés, et en haut de la chaussure, il y avait au moins trois ou quatre pièces de cuir de toutes les couleurs. J'attachais mes chaussures, lacet contre lacet, et les portais autour du cou pendant tout le trajet. Un jour, on était tellement fatigués qu'au match que nous jouions à l'extérieur, nous avons pris dix buts à zéro. On avait un ballon très gros renforcé par une multitude de pièces. Quand il se dégonflait, on avait toujours une pompe à vélo avec nous, mais parfois il se dégonflait en jouant. On arrêtait le match et on gonflait le ballon.

Le lundi matin, il fallait aller à l'apprentissage et c'était parti, la routine reprenait ! Parfois le maître m'envoyait chez sa mère en vélo à quatre kilomètres pour aller chercher une gamelle qui contenait des pâtes avec des boulettes de viande. Mais un jour, en descendant, je suis tombé du vélo Naturellement la gamelle s'est ouvert et toutes les pâtes sont tombés par terre. J'ai essuyé les pâtes une à une avec les doigts et en arrivant le maître ni a vu que du feu. Mon maître avait un frère, Carlo. Célibataire, il vivait avec sa mère et tout comme Pietro il était tailleur. Au bout de la petite rue, il y avait un jardin qui appartenait à la belle-mère de Pietro. Il y avait aussi un figuier et la nuit quand la belle-mère, mon maître et sa femme dormaient, j'allais voler des figues. Mais un jour, la voisine qui ne dormait pas m'a vu et l'a dit à la belle-mère de Pietro. Deux jours plus tard, la belle-mère m'appelle :

- Giuseppe vient ici. Entre pour balayer ma chambre.

Je n'ai pas eu le temps de rentrer. Elle ferme la porte derrière mon dos et avec une ceinture en cuir mouillé elle m'a frappé jusqu'à ce qu'elle soit fatiguée. La vengeance ne s'est pas fait attendre. Le lendemain, alors qu'elle n'était pas là, j'ai pénétré dans sa chambre. Il n'y avait personne, je me suis enfermé avec un manche à balai et son chat. Je n'ai pu lui donner que deux coups, car après c'est moi qui avais peur du chat. Il avait grimpé sur les murs, les yeux rouges et me regardait d'un air méchant. J'ai reculé jusqu'à la porte sans demander mon reste. Par contre, la belle-mère n'a jamais rien su. Une semaine après, la femme de mon maître qui d'ailleurs était une très belle femme bien faite, et qui avait dans les vingt-quatre ans me dit :

- Giuseppe tu viens avec moi pour ramasser des figues en haut des cimes. Prends le panier et monte, je t'attends au pied du figuier.

Elle avait avec elle une bouteille d'eau et me dit :

- Bois, mais tu gardes l'eau dans la bouche sans la boire, tu la boiras en descendant du figuier.

Elle faisait ça pour que je ne mange pas les figues. Une autre alternative était de me faire siffler jusqu'à ce que le panier soit plein. Alors, j'ai choisi la solution de monter avec la bouche pleine d'eau. Je n'avais que onze ans et plein de malice, j'ai laissé sur l'arbre la plus belle figue. En descendant, j'ai pu jeter l'eau de ma bouche et puis en la regardant je lui ai dit :

- Là-haut, il reste une figue, mais elle est trop à gauche et je ne peux pas l'attraper, essayez, vous !

Elle me regarde et dit :

- Tu vas voir comment je vais te l'attraper, si c'est ce que tu veux.

Elle grimpe, met un pied sur une branche et l'autre sur une autre, elle porte une jupe très large et évasée. Je tourne mon cou vers le haut et je rigole, car elle avait une culotte à fleurs rouges. Elle s'en rend compte.

En descendant elle me dit avec un petit sourire en coin :

- Alors qu'est-ce que tu as vu ? Vicieux, tu aimes bien regarder ma grande culotte !

Plus tard, ma maîtresse, je l'appelle ainsi car c'est la femme de mon maître me dit :

- À quatorze heures, tu viens m'aider à faire la vaisselle !

J'y suis allé et on a terminé plus vite. Sa cuisine était très petite et à un moment elle dit :

- Oh ! qu'est-ce qu'il fait chaud !

Elle monte sa jupe et enlève sa culotte.

- Tiens, tu la jettes au panier !

Mais avant de la jeter je la mets sous mon nez. Elle me regardait du coin de l'œil et avec toujours son petit sourire quelque peu sensuel.
Nous sommes toujours en été. On fait l'apprentissage à l'ombre, dehors, à côté du bureau de tabac. Près de ce

commerce il y avait un couple avec une fille d'une telle beauté...que mon cœur faisait boum boum. Elle avait environ dix ans. Elle faisait ses devoirs assise sur une chaise les pieds sur le marchepied et le dos vers la rue. Je ne voyais que son profil. De temps en temps, elle tournait son visage d'ange de mon côté et j'avais droit à un petit sourire. Elle avait des cheveux tout bouclés jusqu'au milieu du dos, des fossettes sur les joues et les yeux bleus. À chaque fois qu'elle me regardait, mes jambes flageolaient et je baissais les yeux. Pourtant, je n'étais pas quelqu'un de timide mais avec son regard elle me paralysait. Elle se déplaçait toujours avec sa grand-mère et j'attendais avec impatience le dimanche quand elle allait à la messe. Moi, je n'étais jamais seul toujours accompagné de mon meilleur ami Nino Cariti. Nous étions inséparables, toujours ensemble. Ma poche, c'était la sienne et la sienne c'était la mienne. D'ailleurs, quand j'allais le chercher j'attendais en bas, et on avait un signe de reconnaissance : on sifflait l'air d'une chanson « Tu es toujours dans mon cœur... »

Le dimanche matin nous allions à l'église. La fille était assise à côté de sa grand-mère et moi, debout, derrière un pilier Parfois elle se retournait. Ses yeux croisaient les miens. Elle était heureuse et moi je me retenais dans l'église pour ne pas exploser de joie. Cela a duré sept ans d'amour platonique, sans jamais l'embrasser, sans jamais la serrer dans mes bras. Si ! Une seule fois au cinéma. Elle était à côté de ses parents et comme il y avait beaucoup de monde j'ai été poussé par les gens à côté d'elle, et c'est là que ma main a caressé la sienne. J'ai été l'enfant le plus heureux de la terre. Et puis je ne l'ai jamais revue, car les parents l'ont envoyée dans le nord de l'Italie, à Gênes. Elle s'est mariée avec un capitaine de marine. Puis j'ai appris sa mort et moi aujourd'hui encore au crépuscule de ma vie je pense toujours à elle. Le grand amour est toujours platonique, c'est le seul amour qui dure jusqu'à la mort.

Revenons à mon apprentissage. J'ai quatorze ans et ai appris toutes les ficelles du métier de tailleur.
Je sais faire la jupe, le gilet, le pantalon, la veste, le manteau, la cape, la redingote, la queue de pie. J'avais maintenant le métier en main, il ne me manquait que la

coupe. À cet âge, c'est là que je me suis rendu compte que j'avais un don parce que je ne travaillais pas comme mon maître. Il était très classique, mais moi j'avais plein de flashs en tête, d'autres choses que celles que le maître m'avait apprises. J'avais des images très fantaisistes, je voyais des fleurs partout. J'étais considéré comme le fou du village, qu'importe ! Je savais que, un jour ou l'autre j'allais quitter le village. Paris, à l'époque c'était un rêve. À quatorze ans, j'étais plus qu'un apprenti. Je travaillais avec mon maître toujours gratuitement car en Italie du Sud c'était du troc. Mon maître travaillait toujours il n'avait même pas le temps de se raser, toujours une barbe de trois centimètres.

Nous sommes toujours en été. Le soir, mon ami Nino venait me chercher. On rentrait à la maison pour se faire beaux car déjà, à quatorze ans j'étais le garçon le plus chic de la ville, mais évidemment pieds nus. Alors, j'étais obligé de subtiliser les chaussures à un client de mon père. Je les empruntais pour la soirée et mon copain et moi nous allions au centre-ville, car le soir il y avait un grand kiosque à musique et on allait écouter du Verdi. La place était pleine de monde mais comme par hasard mon frère se trouvait près de moi. Plus loin, au milieu de la foule, il y avait une fille belle, si belle que mon frère en tombe amoureux. Elle regarde dans notre direction, ses yeux me fixent. Quand mon frère s'en est rendu compte, il se retourne, m'attrape par le cou :

- Je te donne cinq centimes si tu t'en vas sinon je te casse la gueule.

Je n'ai pas demandé mon reste et j'ai dit à mon copain :

- Nino, viens on s'en va.

Nous sommes partis pour faire des bêtises. Dans une maison de Corso Garibaldi où nous avons vu le la lumière. Une idée m'est venue. Je trouve une canne et avec un petit couteau j'ai fendu le bout en quatre et j'ai mis une pierre dedans. Puisque la porte s'ouvre vers l'intérieur je penche la canne sur la porte à 80°. Après avoir frappé à la porte on a couru très vite pour se cacher et attendre pour voir la scène. En effet la porte s'est ouverte et une femme a pris la pierre en pleine tête. Quand on a entendu ses cris on s'est sauvés. Il fallait bien s'amuser, car nous n'étions que des gamins nous n'avions pas de jouet. Nos jeux consistaient à : soit aller à la plage, soit à écrire des poèmes pour les donner aux filles, mais jamais de la main à la main, on les laissait dans les fentes des fenêtres.

Parfois ma mère faisait un gâteau et on buvait du Quinatto (égal au Coca-Cola). On faisait des cerfs-volants. On prenait une feuille de journal et posions autour une bande de colle faite avec de la farine et de l'eau. Pour faire la queue, on coupait des petites bandes de papier journal, on utilisait les épines de figues de barbarie comme épingle, on accrochait la queue au carré de journal. À la tête du journal on attachait un fil très fin et on courrait très vite sur la grand-route. Évidemment, il n'y avait pas de voitures à l'époque. Parfois on fabriquait le fil avec les fibres des grandes feuilles de cactus.

Souvent avant de partir au travail, ma mère m'envoyait chez le boulanger avec un cahier pour acheter du pain. Le cahier servait d'ardoise et on payait quand ma mère avait un peu d'argent. En partant avec le pain, il fallait passer par la rue Partasalvo et avant d'arriver chez moi à 300 m il y avait un chien noir. Quand je passais on aurait dit qu'il sentait le pain, il me suivait sans me lâcher d'une semelle. Des fois il grognait et montrait les crocs. J'avais tellement peur que pour qu'il me laisse en paix, je lui donnais des petits bouts de pain. Mais plus je lui en donnais plus il me suivait. Arrivé à dix mètres de chez moi j'ai piqué un sprint pour me dégager, car il ne me restait que la moitié du pain. Il courait derrière moi et avant que je referme la porte, il a réussi à me mordre le doigt. Je garde toujours la marque. Pour ne pas me faire disputer par ma mère, car il manquait la moitié du pain, j'ai pris la main de ma petite sœur Annie et je l'ai mise au milieu du pain, comme si c'était elle qui l'avait mangé.

J'évitais de passer par la rue Bello, car j'avais peur d'un fantôme. À droite de la rue Bello il y avait une petite forêt avec des chênes. La commune avait voulu faire un stade pour jouer au foot et un jour, en posant une charge de dynamite pour arracher un chêne, un ouvrier s'est fait arracher la tête. Voilà pourquoi je passais par la rue où se trouvait le chien mais depuis le jour où il m'a mordu j'ai choisi de passer en courant devant le fantôme.

J'arrivais au travail vers neuf heures. Évidemment je ne balayais plus. Je laissais la place au nouveau venu. Maintenant, le maître me faisait travailler et me demandait même conseil quand il tombait sur un client un peu original. Après le travail, j'allais avec des copains nous enfermer dans une grande pièce et, là, on répétait pour jouer du théâtre de rue. C'était beaucoup plus difficile de jouer dans les rues car tout le public s'arrêtait. Ce n'est pas comme au théâtre où les gens viennent parce qu'ils vous aiment, dans la rue on vient pour vous siffler. On m'avait attribué un rôle de jeune fille car, en Italie du sud, il est interdit qu'une fille fasse du théâtre. Je me souviens, je tenais le rôle d'une femme infidèle. Un général de l'armée convoquait mon mari pour partir à la guerre, quelques jours plus tard le général venait pour m'annoncer la mort de mon mari, et ensuite venait tous les jours pour me consoler, ce salaud venait pour coucher avec moi. Mais mon mari n'était pas mort, etc... Et tout l'été se passait de la même manière.

Puis l'hiver arriva. Il faisait nuit plus tôt et, chez mon patron, on travaillait un peu plus. Le matin, la rue Bello était entre le jour et la nuit. C'était le moment où les femmes jetaient le contenu de leur pot de chambre dans la rue sans regarder si quelqu'un passait et un matin, comme il fallait s'y attendre, j'ai reçu en pleine figure le contenu d'un de ces pots. C'était affreux ! Cela sentait mauvais. Alors marche arrière, je suis rentré à la maison pour me laver et me changer. Bien entendu, il fallait se laver avec l'eau qui tombait des tuiles et que l'on récoltait. Cette eau était souvent gelée car c'était l'hiver. Et me voilà parti avec mon petit sandwich au boulot. La journée s'était bien passée. C'était samedi et le maître me donna la permission de partir plut tôt vers 16 h 30 Il pleuvait un peu, je remontai comme d'habitude la rue Bello. En arrivant au carrefour en bas de chez moi le ciel était noir, le sol était mouillé et j'ai entendu des cris. C'était terrible ! Un monsieur courait dans tous les sens et tapait aux portes. Mais tout le monde était enfermé, car ce monsieur s'était fait mordre par un chien enragé. Autour de sa bouche il y avait plein de bave blanche, il se roulait par terre. Il hurlait, mais personne ne s'approchait de lui, car il pouvait mordre Je ne m'approchais pas, je suivais la scène de loin. À un moment donné j'ai vu arriver deux carabiniers dans une petite voiture des années 1950. Le pauvre monsieur était accroché à une fontaine sur pied. Les carabiniers l'ont abattu sans sortir de leur voiture. Il était à terre et bougeait encore. Alors un des carabiniers lui donna le cou de grâce. En rentrant chez moi, c'est-à-dire à vingt mètres du carrefour, on entendait crier dans tous les sens. En l'espace de dix minutes, une foule s'est formée en cercle autour du cadavre plein de bave et de sang. Je n'ai pas pu dormir de toute la nuit bien que ma mère m'ait couché dans son lit. En pleine nuit, j'avais la nausée, le lit montait et descendait. J'ai ouvert un œil, c'était simplement mon père qui faisait du cirque sur ma mère.

CHAPITRE VI
-PASSEPORT POUR LA FRANCE-

Le lendemain dimanche il fallait se lever tôt, car une purge m'attendait. Eh oui ! Tous les six mois, il fallait avaler une purge soit en magnésium soit à l'huile de foie de morue et pendant la cure, il fallait courir dans le jardin.

En attendant, mon frère était le premier de la classe. D'ailleurs il sautait deux classes par an. Ma sœur Tita allait à l'école pour être institutrice, mais elle a voulu se marier à seize ans et les études ont été finies pour elle. Mes sœurs Albina et Mimma sont devenues toutes deux couturières. Il n'y a que ma sœur Annie qui elle, n'a rien voulu savoir. Ni école ni couture, mais par contre elle était douée pour la cuisine et la plus maligne de toutes. Toutes mes sœurs se sont mariées entre seize et dix-huit ans et toutes ont eu des enfants. Tita huit, Mimma cinq, Albina trois, Annie cinq. Du côté garçon Dominique trois, et moi une fille.

Nous sommes presque en décembre, c'est la pleine saison pour mon maître. Tout le monde veut un costume pour les fêtes de Noël. Nous travaillons donc jour et nuit. Je commence à huit heures et termine parfois à trois heures du matin. Travailler la nuit me plaisait, car la patronne reste avec nous pour faire du surfilage. Nous sommes dans une pièce de 40 m2, sur la gauche une grande table ; c'est là que le maître travaille et coupe. À droite, une table également pour coudre et repasser. Au bout de cette table, la patronne pique à la main et ses pieds sont joints sur une barre de bois sous la table à trente centimètres du sol. Moi, je me trouve en face de la machine à coudre et je suis également responsable du fer à repasser. Il ne faut pas qu'il refroidisse et pour ce faire, il faut mettre du charbon sur le socle, et on agite un bout de carton pour faire ventilateur. Souvent vers 11 h du soir, la femme du patron avait sur les genoux une veste à laquelle elle travaillait. Fatiguée, elle laissait tomber les bras sur la veste et en même temps fermait les yeux trente secondes tout en ouvrant les jambes. Je ne pouvais plus travailler, car souvent elle ne portait pas de dessous. Jusqu'à Pâques, c'était toujours la même chose… Beaucoup de travail.

Mais pour moi les moments les plus inoubliables c'étaient les nuits. Quinze jours avant Noël, venait à la maison un petit orchestre qui se composait d'un violon, d'un accordéon et d'une trompette. Ils jouaient la mélodie de Jésus : « Tu descends des étoiles, oh ! mio Signore, etc... » Toute ma vie j'ai gardé cette musique en mémoire.

Le matin du 25 décembre, je me levais pour regarder dans la chaussette si le Père Noël avait pensé à moi. J'étais heureux comme un pape quand je trouvais un bonbon, je vois encore le papier tout jaune, c'était un bonbon au citron. Pour décorer le sapin, ma mère et mon père mettaient des papiers de chocolat et des papiers de bonbons et le sapin brillait, car à côté il y avait une petite lampe à mèche trempée dans l'huile.

Mais le temps court très vite. La nuit je pense et rêve de Paris. Je viens d'avoir dix-huit ans. Je continue à travailler, mais mon patron ne me paye pas. Je n'ai même pas d'argent pour me payer une place de cinéma. C'est ma sœur Albine qui me la paye à condition que je l'emmène voir le film avec moi. En ce qui concerne les filles, on avait juste le droit de les aimer avec les yeux. Je n'ai jamais serré une fille dans mes bras. D'ailleurs cela ne me manquait pas, car pour moi l'amour le plus fort, c'est la tendresse.
Je vous ai dit que mon maître avait un frère : Carlo. Ce dernier vivait chez sa mère, car il était célibataire. La mère donnait plus à Carlo qu'à Piétro qui était marié. Et puis un jour, poussé par sa femme, Piétro prend un fusil, va à

l'atelier de son frère et le tue d'un coup de fusil en pleine poitrine. Piétro se fait arrêter par la police et il est condamné à vingt ans de réclusion. Sa femme, elle, part en Argentine où elle avait un frère.

En ce qui me concerne, je suis appelé au conseil de révision dans le marine nationale. Mes mensurations correspondaient à la taille réglementaire pour l'armée, donc j'étais bon pour partir au service militaire. J'ai passé le conseil de révision à Reggio de Calabre, le billet étant payé par L'État.

Reggio est la capitale de la Calabre à 100 kms de chez moi, Siderno. Puisque j'étais sur place et que le billet était payé, j'en profite pour aller demander un passeport comme touriste pour la France. Je ne pouvais pas avoir le passeport tout de suite, donc il fallait retourner le chercher après avoir reçu la convocation de la Préfecture. En attendant, je retourne à Siderno retrouver ma famille et mes amis, car je pressentais que j'allais les quitter pour toujours, j'avais toujours mon idée derrière la tête, d'autant plus que j'avais déjà de la famille installée en France.

J'avais dix-neuf ans passés et avec les copains, nous étions toujours en répétition, car le théâtre était ma petite folie. Je réalisais tous les costumes de la troupe. Pour les tissus, on s'arrangeait avec les moyens du bord en prenant chez nos parents ce que l'on trouvait.

Trois mois après ma demande, je reçois la convocation pour aller à Reggio chercher mon passeport. Je prends le train, sans billet, car je n'avais pas d'argent. Je ne pouvais pas non plus en demander à ma mère, en effet elle n'était pas au courant de mes projets de départ. Une fois le passeport récupéré et après avoir mangé un sandwich fait à la maison, je me dirige sur un terrain de foot. Après avoir expliqué ma situation, je joue avec une équipe, nous remportons la victoire ! En échange, ils font une quête pour me payer mon billet de retour. C'est comme ça que j'ai pu reprendre le train et rentrer chez moi avec le passeport caché dans ma poitrine.

Après quelques jours il fallait bien parler de mon départ. Je me suis confié à mes sœurs et à mon frère. Il faut dire la vérité : ils se sont tous mis de mon côté et ce sont eux-mêmes qui ont annoncé la nouvelle à ma mère. Mon frère allait à l'université à Messine. Tout le monde travaillait près de ma mère et ils ne comprenaient pas pourquoi je partais à l'étranger. Mais dans ma tête il n'y avait que Paris, même si ce n'était qu'un rêve.

Et puis le « jour J » arriva. Ma sœur Albine m'avait fait une chemise sur mesure, à carreaux, trois ou quatre caleçons toujours sur mesure. Cela revenait moins cher que de les acheter, car, à l'époque, on ne payait pas la main-d'œuvre. Moi, je m'étais fabriqué mon costume : c'était de la fibranne et ce tissu devient raide comme du bois si vous prenez la pluie. J'avais acheté cette fibranne auprès d'un Napolitain qui faisait du porte-à-porte ; comme nous n'avions pas d'argent, on faisait du troc avec des haricots secs. En ce qui concerne la valise, pas question d'en acheter une, c'était trop cher. Alors, j'ai fait moi-même un sac de voyage avec du tissu de parachute que l'on m'avait donné. Plus la date de départ approchait, plus mon cœur battait. Et, comme par hasard la veille de mon départ en France, j'ai reçu la convocation de l'armée pour faire mon service militaire. J'ai caché la convocation et personne n'a été au courant.
Je suis allé dire au revoir à tous mes amis. Je leur ai dit que je prenais le train le lendemain à 14 h 30. Le jour de mon départ, toute ma famille m'a accompagné à la gare et tous mes amis étaient là. Le quai était bondé. Je vois arriver le train avec sa grosse locomotive noire qui fonctionne encore au charbon, une fumée noire sortant de la cheminée. À cinq-cents mètres de la gare, elle s'est mise à siffler. Ma mère s'est mise à pleurer. Elle me serrait contre elle et tout en me serrant m'a donné quelques conseils :

« Attention à toi ! Ne compte que sur toi-même ! Et surtout sois souriant avec tout le monde, et tu gagneras la confiance de tous. Je suis la seule à pouvoir te donner des conseils, car le plus grand amour pour un enfant, c'est sa mère. »

Ces conseils sont toujours restés dans ma tête. Après ma mère, tout le monde m'a serré dans ses bras. Mon frère est monté dans le train avec mon sac et c'est le dernier à m'avoir embrassé. Je me suis mis à la fenêtre. J'entends encore le bruit des portes qui se ferment. Sur le quai noir du monde, tous mes amis avec un mouchoir blanc à la main, et puis le chef de gare monte et baisse son signal vert. Le train démarre tout doucement, avec un petit bruit que j'ai toujours en tête, et s'éloigne petit à petit. Le chemin de fer est situé à gauche de la mer et à droite de Siderno, mais au bout de la ville, la mer fait un golfe. Je suis toujours à la fenêtre avec mon mouchoir, mais d'un seul coup tout a disparu : mon village, la mer. Alors là je me suis effondré sur la banquette en bois, les mains sur le visage, les coudes sur les genoux, je ne pouvais plus arrêter les larmes. Je venais de laisser derrière moi toute mon enfance. Un copain m'a tapé sur les épaules pour me calmer, des gens arrivaient pour me réconforter. Je ne les entendais pas, j'étais entre les larmes, le sifflement du train et le bruit des roues. Ce n'est qu'arrivé à Rome que je commençais à me calmer.

À côté de moi près de la fenêtre il y avait une connaissance et nous évoquions tous les deux de notre avenir dans un pays étranger dont nous ne parlions pas la langue et dont nous ne connaissions pas la culture. Moi, petit Calabrais je ne connaissais qu'un monde sauvage. Nous bavardions jusqu'à Turin quand soudain, entrent dans notre compartiment une jeune fille et sa grand-mère. C'étaient des Siciliennes. La grand-mère s'assied en face de mon copain près de la fenêtre et la jeune fille à côté de moi. Nous faisons connaissance et la conversation s'anime. Après un certain temps, je commence à dire à la jeune fille quelques poèmes et prends ses mains dans les miennes. On se regarde tous les deux avec beaucoup de tendresse comme si on se connaissait depuis des années. Mon copain parle toujours avec la mamie, car lui avait compris mon manège. Il lui disait :

- Regardez, madame, comme la montagne est belle ! Regardez, madame, comme la mer est jolie !

La grand-mère se retourne pour voir la mer et catastrophe, elle voit sa petite fille avec ses mains dans les miennes. D'abord, elle donne une gifle à mon copain, une à sa petite fille et puis se lève pour m'attraper tout en criant.

Je réussis à prendre le couloir et m'enferme dans les toilettes. Heureusement elles descendaient à Lyon. Le train entre en gare, j'entends le nom « Lyon » j'ai cru qu'il fallait descendre et j'ai ouvert doucement la porte des toilettes. Je commence à crier :

- Pascal ! Il faut descendre.

Heureusement que mon copain avait demandé à un Italien si c'était bien la gare de Lyon et que celui-ci lui a répondu que c'était la ville de Lyon. (Dans mon for intérieur je pense qu'il est inadmissible qu'en France il y ait la ville de Lyon et la gare de Lyon, car pour un étranger ce n'est pas évident de ne pas se tromper. C'est comme s'il y avait Rome et la gare de Rome). Je regarde mon copain et lui dis :

- Ça commence bien !

Je suis arrivé à la gare de Lyon vers 21 h j'étais en queue du train et pour descendre il y avait un monde fou. Complètement hébété, j'avais mis mon sac entre mes pieds et tout le monde me bousculait. Soudain au loin j'entends :

- Giuseppe ! Giuseppe !

Je reconnais la voix de Nicolino mon beau-frère qui, lui, était en tête du train. À force de s'interpeller, nous nous sommes retrouvés face à face. Tout le monde nous regardait comme si nous venions d'une autre planète. Nous nous embrassons, il prend mon sac et nous voilà partis. Nous prenons un bus direction gare Montparnasse et ensuite le train direction Rambouillet. Nous arrivons à destination vers 24 h.

La maison n'est pas loin de la gare. Après avoir descendu une rue sur environ quarante mètres, nous tournons sur notre droite et, au milieu de cette rue, nous atteignons une porte cochère qui donne sur une cour pavée, en face un couloir d'environ huit mètres de long qui donne sur un jardin. C'était là que trônaient les toilettes qui servaient à tout le monde. On pénètre dans l'appartement de Nicolino dont les fenêtres étaient tellement basses qu'on pouvait les enjamber pour entrer. Dans l'appartement il n'y avait que deux chambres, un salon et une cuisine et on vivait à neuf personnes. En arrivant à minuit ma sœur Térésa m'avait préparé une soupe avec des boulettes c'était la coutume en Italie du Sud.

Le lendemain je voulais prendre une douche. Évidemment dans la maison pas de douche ni de baignoire. Pas de télé, pas de radio, ni frigo ni machine à laver. J'en profite pour visiter les lieux. En bas vivait un couple de jeunes mariés : Josette et André. Au premier étage, une grande famille avec deux belles jeunes filles. C'est par l'une d'elles que plus tard j'ai eu du travail. Quant à leur frère qui était de mon âge, il m'a fait du chantage plus tard. Sur la droite un appartement avec une jeune fille très jolie qui vivait avec sa grand-mère. Au premier étage encore, une grande famille dont le père était gendarme et une fille Lina qui n'avait pas froid aux yeux.

Dans la petite cour, il n'y avait que des filles, je ne savais plus où donner de la tête. D'ailleurs dès que je suis arrivé, Lina m'a coincé dans le petit couloir pour m'embrasser. Je venais d'avoir vingt ans et c'est la première fois qu'on m'embrassait. J'ai paniqué et me suis demandé qui était cette fille !

Donc pour en revenir à ma douche, ma sœur me fait remarquer :

- Dis-moi cela fait longtemps que tu ne te laves pas ?

- Depuis cinq jours !

En ce qui concerne la douche, je n'en avais jamais pris de ma vie. Alors, elle me donne vingt centimes pour que j'aille à la douche publique, place Félix Faure. Nous partons tous les deux, car je ne parlais pas un mot de français. J'entre dans l'établissement de douches. Il y avait au moins une dizaine de cabines les unes contre les autres ainsi qu'une grosse caissière. Elle m'annonce :

- Cabine N° 10 !

Je la regarde d'un air surpris, car en Italie les gens sont un peu plus aimables. Une fois dans la cabine, je me déshabille, et sors de ma poche de pantalon un berlingot de savon. C'était un petit carré tout en plastique dur. Il fallait couper le bout avec des ciseaux, mais je n'en avais pas. Heureusement à vingt ans, j'avais de bonnes dents. Je maintenais donc le berlingot avec ma main et tentais de couper le haut avec les dents, mais j'ai appuyé trop fort et le contenu du berlingot est parti au fond de ma gorge. Cela piquait tellement que, au lieu de prendre ma douche je suis resté avec la tête en l'air pour que l'eau entre dans la gorge et me rince. Mais, plus je mettais d'eau, plus ça moussait et à un moment j'entends frapper à la porte.

- C'est fini Monsieur, un quart d'heure est passé !

Que pouvais-je faire ? J'ai été obligé de sortir de la cabine sans avoir pu me laver. Je me vois encore, avançant dans la rue en faisant des bulles. Ma sœur m'attendait dehors, elle était pliée de rire.

Ensuite, toujours avec ma sœur nous sommes allés au Commissariat de Police pour me faire une déclaration de séjour valable trois mois. Jusque-là aucun problème, mais quand nous sommes partis à la recherche d'un travail, cela a commencé à se compliquer. Alors, pendant deux mois et demi j'ai traîné dans Rambouillet essayant de faire connaissance avec des gens pour pouvoir parler un peu le français. À ce propos une anecdote : à mon arrivée à Rambouillet, un jour j'avais très soif, je suis entré dans un bar pour demander une bière toujours avec mon français très approximatif. En Italie, la bière s'appelle « Birra ». Alors je commande avec mon accent approximatif une «Byrr » le garçon me sert un tout petit verre d'alcool. Ce n'était pas ce que je voulais. À côté de moi, il y avait un client, coudes sur le comptoir qui buvait une «Bière ». Quand il a fini son verre, il a dit :

- Bis !

Le garçon lui donne une deuxième bière. Moi je me presse

pour lui dire :

- Bis !

En croyant boire enfin une bière, mais non, je me suis retrouvé avec un deuxième « Byrr » très alcoolisé.

Un jour je reçois une lettre envoyée par mon frère qui me disait de ne pas rentrer pour le moment en Italie, car j'étais recherché par les gendarmes pour effectuer mon service militaire. Je ne savais plus quoi faire. J'étais coincé. Ma sœur Carmella a une idée : aller au commissariat de Police pour demander une prolongation de ma carte de séjour pour trois mois de plus. Ma demande a été accordée.

Et puis la chance est arrivée. Les deux filles qui habitaient près de chez de ma sœur travaillaient à la Radio Technique, une fabrique de radios et de télévisions pour Philips et Radiola. J'ai posé ma candidature qui a été acceptée. Je me suis retrouvé avec un emploi et pouvais de ce fait, rester en France, car, à cette époque il fallait avoir une carte de travail comme ouvrier spécialisé.

En attendant de rentrer à l'usine, je restais les soirs dans la cour chez ma sœur, car c'était l'été et il faisait chaud. Et puis j'attendais Josette, la jeune femme mariée. Elle allait tous les soirs au jardin, passant dans le petit couloir en chemise de nuit transparente. Elle restait devant la porte et avec le contre-jour, je voyais tout comme si elle était nue. D'ailleurs, j'ai toujours pensé qu'elle le faisait exprès, car, en arrivant à mes côtés, elle s'arrangeait pour me parler, mais je ne comprenais pas grand-chose. Je lui répondais en italien et elle était tout excitée quand elle m'entendait parler. On ne tenait pas à deux dans le couloir et sa poitrine s'écrasait contre moi. C'était tout doux et chaud ; elle ne portait pas de soutien-gorge. Non seulement elle me serrait de près, mais se penchait également souvent pour se gratter la cheville. Je vous laisse imaginer le tableau elle ne portait pas de culotte non plus.

J'ai réussi à comprendre qu'elle voulait se promener avec moi. En effet, le lundi à 14 h, elle m'a fait monter dans sa voiture, une traction noire, et m'a emmené dans un chemin forestier. Cela a été ma fête ! Pour moi, c'était la première fois. J'étais heureux et fier, car je me suis senti « être un homme. »

Le mardi, à 18 h, je suis allé m'inscrire dans la salle Tivoli pour faire de la boxe. C'était une ancienne salle de bal (il reste encore le bar appelé Bar du Tivoli). L'entraîneur venait de Paris et s'appelait Parisis, un petit blond au nez écrasé. Il me dit :

- Viens ici toi. Comment tu ?

- Joseph !

-Combien tu pèses ?

- 57 Kgs

- Bien, dit-il , tu seras un futur champion poids coq !

Je m'entraîne le soir, trois fois par semaine, de 20 h à 21h. Cela a été le sport le plus dur que je connaisse, surtout l'entraînement : il fallait sauter un quart d'heure avec la corde, tourner sans arrêt la tête et le cou, surtout il fallait s'allonger sur le dos et soulever les talons du sol à dix centimètres, etc…

J'étais très content, car tous les notables de la ville de Rambouillet m'invitaient chez eux, comme Guy Pradeau qui tenait le bar et la boulangerie sur la place Félix Faure. Le bar se trouvait derrière la boulangerie, caché des regards. C'était un bar privé.

Il y avait aussi Monsieur Mersereau qui lui tenait le plus grand garage de la ville. C'est lui qui m'a accompagné à Paris pour boxer à la salle de Montmartre. C'est dans cette salle que j'ai mis fin à ma carrière de boxeur. Il fallait être fou pour pouvoir se battre dans cette salle.
L'entraîneur mélangeait professionnels et amateurs, tout cela

pour gagner cinq francs. Ensuite on est rentré à Rambouillet vers une heure du matin pour y manger chez le charcutier qui faisait partie de la bande.

Le lendemain je suis allé sur le marché aux fruits et c'est la première fois que je voyais des bananes. En regardant le marchand, je lui dis :

- Un kilo s'il vous plaît.

Je mange le kilo de bananes vite fait. Une fois fini, je ne pouvais plus avancer. J'avais l'estomac lourd, très lourd. Je suis allé m'allonger au centre du parc, au bord du lac, c'était une réserve de poissons. Une fois réveillé, je pris le fil et l'aiguille que j'avais toujours sur moi et j'ai pêché un poisson qui frétillait beaucoup. Je l'ai mis par terre et l'ai tué à coup de pied. Mais un gardien unijambiste qui avait vu la scène m'a coursé en vélo, avec mes deux pieds je courais plus vite que lui. En rentrant à la maison, ma sœur était contente d'avoir le poisson. Elle m'a donné un bidon de cinq litres pour aller chercher du lait à la campagne, car, à l'époque, à Rambouillet il n'y avait que des pavillons et tout autour c'était des fermes. En arrivant, on faisait bouillir le lait et c'était merveilleux de voir cette crème épaisse et dorée de deux centimètres d'épaisseur. On le payait, je crois, cinq centimes le litre.

Le lendemain qui était un dimanche je suis allé dans une salle des ventes. Tout le monde était dehors. On était serrés les uns contre les autres, quand soudain une main de femme prend la mienne. En me retournant, je vois une beauté blonde aux yeux verts, les cheveux longs. Je retirais ma main tout de suite, car à côté, se trouvait son mari petit et gros. Elle me fait signe de partir avec sa tête. Elle part, et une minute après j'étais derrière elle. D'un seul coup elle ouvre une porte. Je me suis dit : « Bon, elle arrive chez elle ». Je fais marche arrière tout en me disant : « Elle est un peu folle cette femme ! » Une heure après la voilà de nouveau qui reparait à la salle des ventes. J'avais changé de place, mais cette histoire m'avait travaillé. Je reprends le même chemin pour voir la maison où elle était entrée. Je m'approche : la porte était fermée. Je fais le tour et je me rends compte que c'était une église et que la porte par laquelle elle était entrée était celle de la sacristie. Je me suis donné une tape sur le front en me disant : « Quel con ! »

Mais ce que femme veut, Dieu le veut. Elle m'a cherché partout toute la semaine. À la gare, dans tous les cafés, toutes les rues et puis elle a eu une chance inouïe. J'étais en train d'acheter un corned-beef. J'adore ça et cela faisait des années que je ne mangeais pas de viande. La femme m'a vu de loin. Elle avait un panier à provisions, elle a lâché le panier et c'est mise à courir de peur de me manquer. Je venais de sortir avec mon sandwich à la main. Elle me dit :

- Bonjour, je m'appelle Louise.

Je réponds :

- Moi, Pino (diminutif de Giuseppe).

Elle me dit :

- Vous êtes très élégant et puis vous avez de beaux cheveux noirs.

Évidemment, je ne pouvais pas être blond, je n'étais pas Norvégien, mais Calabrais. Je portais sur moi un costume blanc, près du corps, mes cheveux noirs en arrière ondulés et brillants, par la brillantine qui sentait bon.

Revenons à Louise. Elle me demande ;

- Pourrais-je vous voir demain à quinze heures devant les grilles du parc ?

- Avec plaisir. Lui répondais-je!

Et me voilà parti à la maison raconter mes exploits à ma sœur. Elle me dit :

- Dis donc, et la femme Josette ?

Je lui dis :

- Écoute ! Elles sont jolies toutes les deux. Pour une fois que je peux profiter et surtout que jusqu'à vingt ans, j'ai fait ceinture, c'est le moment de rattraper le retard et puis où est le risque ? Elles sont mariées. Elles veulent s'amuser comme moi, ce que Louise ne me cache pas.

Comme prévu, je suis allé au rendez-vous à 15 h devant la grille.

- Viens ! me dit-elle. C'était elle qui parlait. Elle avait trente ans et moi vingt ans. J'étais plus timide. Tout en marchant, elle me parle d'elle. Elle est pianiste, n'aime pas son mari, etc … Elle me montre le château, la laiterie de la reine, le palais de coquillage et puis me dit :

- Viens! je vais te montrer la grotte des amants.

Nous sommes entrés dans la grotte. Il y avait deux entrées qui donnaient un peu de jour et au milieu une grosse pierre. Elle me dit :

- Tu vois, c'est ici que s'asseyent tous les amants. Viens assieds-toi.

Et elle s'assied sur moi comme elle l'aurait fait d'un cheval. Elle portait une robe large et, si ma mémoire est bonne, n'avait pas de culotte. À vous d'imaginer la suite…Elle avait un panier fermé et d'un seul coup un réveil se mit à sonner. Je sautais de peur. Je lui dis :

- Dis-moi, ça t'arrive souvent de te promener avec un réveil ?

- Et oui ! me répond-elle, à 17 h 30 mon mari rentre.

Tout ça se passait à la fin de la semaine. Je lundi j'allais pour la première fois me présenter au travail. L'usine se trouvait à deux kilomètres de chez moi il fallait y aller à pied. Pas de voiture, pas de vélo. Il fallait se lever tôt on commençait à 8h, mais il fallait arriver au moins à 7 h 45, car il fallait pointer dans une grande machine. Il y avait un gardien avec les yeux rivés sur la pointeuse, un copain ne pouvait pas mettre la carte d'un autre et si on pointait une minute en retard, c'était un quart d'heure qui sautait. Le chef d'atelier se prénommait Barna. Il m'a fait visiter toute l'usine tout en bavardant et m'a demandé quel était mon sport préféré. Je lui ai répondu :

- Le foot.

Il m'a regardé tout en mettant sa main sur mon épaule.

- Tu sais mon garçon que je suis le chef de l'équipe de foot de l'usine ? Nous allons bien nous entendre , me dit-il.

Et il m'a emmené à la place où j'allais travailler. Il s'agissait d'un travail à la chaîne. C'était la première fois que je voyais des jeunes filles et des garçons assis, tous en ligne, espacés de un mètre, devant un tapis en caoutchouc de 40 cm de large et de 8 m de long qui ne s'arrêtait jamais de rouler. Chaque ouvrier avait une ampoule devant lui. Une fois elle était rouge et une fois verte, on avait deux minutes pour finir le poste de radio. Mon rôle à moi était de poser des barrettes. Il fallait les fixer avec des vis au moyen d'un tourne vis à air comprimé. Je vois encore cette saloperie de lampe verte il fallait que le poste soit terminé si la vis voulait bien entrer dans le trou. Beaucoup de filles faisaient des malaises. Elles prenaient du retard parce qu'elles avaient des problèmes de vis qui était mal conçues. Sur la chaîne, celui qui était nerveux et rapide pouvait s'en sortir à l'aise, mais celui ou celle qui était lent, paniquait, prenait du retard et pouvait même aller jusqu'à l'évanouissement. Moi j'ai un don de la nature ! Celui d'être très solide et rapide. Je ne suis jamais en retard. C'est comme ça ! Je pouvais aider mes collègues de chaîne.

Souvent, le chef d'atelier venait me voir un petit sourire par ci, un petit sourire par là, et un jour d'un seul coup dit au chef de chaîne :

- Viens ici toi, remplace 10 min Joseph.

Et il m'a emmené dans son bureau.

- Assieds-toi ... Dimanche as-tu envie de jouer dans mon équipe, car nous avons un grand match ? Tu sais nous avons un bon gardien de but et on a des chances de gagner.

Je lui dis :

- O.K !

Alors, il me regarde à nouveau et me répète deux fois :

- Si dimanche on remporte la victoire, je te promets que tu ne travailleras plus à la chaîne.

Le dimanche arrive. Nous sommes allés au stade de Rambouillet. Le match commence et nous voilà en train de jouer contre une équipe. Je ne me souviens plus si elle venait des environs de Paris. Un quart d'heure avant la fin toujours zéro à zéro, quant aux trois quarts du terrain je tire dans le but et je marque : un à zéro. Nous avons remporté la victoire et Barna a tenu sa parole. Je me suis retrouvé sur la chaîne, mais comme réparateur. Le poste de radio sortait du contrôle. Je le réparais s'il avait une petite panne, mais souvent, c'était les autres qui dépannaient, car je n'y connaissais rien du tout en technique. J'étais couturier pas mécano.

Ainsi je continuais à travailler à l'usine. D'ailleurs pour ma part je n'étais pas fatigué. À vingt ans, on est en pleine forme et avec tous les jeunes on s'amusait beaucoup. Souvent on louait un bus et on partait à Cabourg au bord de la mer.

À la fin du mois, le chef de chaîne nous a donné la paye. C'était ma première paye et vous ne pouvez pas imaginer ma joie quand j'ai ouvert l'enveloppe. J'ai vu trois billets de 100.00 francs soit l'équivalent de 50 euros de nos jours, plus une feuille de paye qui faisait cinquante centimètres de long et trois centimètres de large. Je suis rentré en courant à la maison pour donner la paye à ma sœur. Elle était heureuse et moi aussi, car avec cet argent je pouvais vivre et me payer pour la première fois un vélo. Je pouvais faire le Don Juan. C'était un vélo de femme, mais j'avais mis un porte-bagage, parce que j'allais au bal vers 2 h du matin pour récupérer une fille et l'accompagnait sur mon porte-bagage. Je n'allais pas au bal plus tôt parce que je ne savais pas danser. C'était une époque où les jeunes filles pauvres se promenaient à n'importe quelle heure du jour comme de la nuit. Pourtant nous sommes en 1957.

Dès que j'ai eu mon vélo, j'ai voulu travailler avec ma belle bicyclette. Un matin il faisait encore nuit et je pédalais vite pour me rendre à l'usine, car j'étais en retard. Soudain, dans une rue très droite, un grand chien noir est rentré dans la roue avant. J'ai fait un vol plané. La roue avant avait la forme d'un huit et le chien s'est mis à grogner. J'ai eu tellement peur que j'ai pris mon vélo sur l'épaule et je me suis mis à courir vers l'usine. Je saignais des genoux, mais j'étais quand même content, car à l'infirmerie il y avait une jolie fille qui avec une pince m'a enlevé tous les petits cailloux que j'avais dans les genoux.

Je voudrais dire également qu'en 1957, on était très courageux. En ce qui me concerne je travaillais à l'usine de 8 h 30 à 18 h, je rentrais à la maison manger une soupe et après j'allais chez un tailleur (Olivier) de 20 h à 23 h 30 comme retoucheur de costume ce qui faisait 12 h de travail par jour et également le samedi et parfois le dimanche chez moi pour faire des vêtements aux voisins. J'avais vingt ans. Car avec 300.00 francs par mois j'arrivais à mettre un peu d'argent de côté. Je n'avais que 50.00 francs par mois de loyer. Le lait, le vin, le sucre on en parlait en centimes. Aujourd'hui avec 1000 euros par mois on n'arrive pas à vivre. À qui la faute ? Moi, j'ai mon idée là-dessus. Je pense que les syndicats au lieu de demander de faire grève pour avoir une hausse de salaire et moins de travail devraient demander de bloquer les loyers. En 1957, on payait un quart de son salaire pour un loyer. Aujourd'hui, c'est plus que la moitié et, en plus, on demande d'avoir toutes les commodités. Dans les années 60, on n'en demandait pas tant ! En 1957 on ne comptait que sur nous-mêmes, aujourd'hui on compte sur les autres. J'ai toujours en mémoire les paroles de ma mère qui disait :

« Aide toujours ceux qui sont faibles, c'est-à-dire les

paralysés et les infirmes. Fais n'importe quel travail, même si cela n'est pas ton métier, ne compte aussi que sur toi-même et sache que l'argent de l'État, c'est ton argent. »

Revenons un peu à ma petite vie. J'étais un garçon toujours élégant, courageux, toujours souriant, gai, blagueur, plein d'humour. J'avais toutes les qualités requises pour plaire à un employeur. Nous sommes en juillet, cela fait trois mois que je suis en France, j'ai fêté mes 20 ans le 15 mai dernier. J'avais oublié que j'avais fait des bêtises avec deux femmes Josette et Louise. Fin juillet en sortant de chez moi dans le petit couloir Josette, toujours en transparence pour aller au fond du jardin, s'arrête près de moi. Elle met sa bouche près de mon oreille et puis elle dit toute contente :

- Quelle joie, j'attends un enfant de toi.

- Tu crois ? C'est ton mari, non ?

Elle répond :

« Mon mari ne peut pas avoir d'enfant, c'est pour ça que je me suis adressée à toi. »

Je n'ai rien dit, mais au fond de moi-même je me suis dit :

- Je m'en fous.

Je ne me rendais pas compte. Début août en allant en ville je rencontre Louise elle s'approche de moi et avec un sourire jusqu'aux oreilles, elle me murmure :

- Pino, me dit-elle tu vas être très content, très content ! Et oui j'attends un enfant de toi !

- Tu plaisantes j'espère ?

- Non pas du tout !

- Et ton mari il est content ?

Me voilà bien, bien. Dans la même semaine, on m'annonce

deux enfants. Je n'en crois pas mes oreilles. Qu'est-ce que c'est que ces bonnes femmes ? ! Moi qui n'avais jamais couché avec une fille je me trouve avec deux gosses. Je me suis dit : « Il ne faut pas que je couche avec des filles, si chaque fois je me retrouve avec un bébé sur le dos je n'ai pas fini d'en baver. »

Neuf mois se sont passés. Josette a mis au monde un garçon nommé Louis, et Louise une petite fille nommée Clara. Elles ont accouché le même mois, ils sont presque jumeaux. Trois ans après les voilà ensemble à la maternelle et une chose extraordinaire s'est passée. Ils jouent tout le temps ensemble, se tiennent la main et se donnent des petits bisous comme des amoureux, sans savoir qu'ils sont frère et sœur. Quand la mère de Clara s'est rendue compte qu'ils étaient inséparables, elle a pris la décision d'enlever la petite de l'école maternelle. Louise, à compris qu'avec moi c'était un amour impossible elle est partie avec le premier venu, loin dans la montagne, en Savoie, avec son amant et la petite Clara. J'ai su plus tard que Louise et son amant étaient devenus deux ivrognes et que la petite Clara en avait souffert. Elle se faisait traiter de tous les noms par ce nouveau père. Il la traitait souvent de sale ritale et en grandissant, la petite Clara a failli se faire violer par cet ivrogne. Jusqu'au jour où elle s'est habillée avec cinq culottes, trois chemises, trois pulls, trois pantalons et un manteau. Elle a disparu dans une maison d'accueil pour les jeunes en Seine Saint-Denis et depuis je n'ai jamais eu de nouvelles.

Revenons en arrière nous sommes toujours en 1957, toujours à l'usine sur chaîne à monter des radios et là, à la fin, le chef m'a fait travailler sur la chaîne de télévision Philips et un autre jour la Télévision Radiola. Une chose est certaine. Philips et Radiola avaient les mêmes pièces, les mêmes ouvriers, la même chaîne de montage et pourtant quand un consommateur achetait une télé, la marque Philips coûtait beaucoup plus cher que la marque Radiola. La différence était dans l'étiquette.

Une fois sur les chaînes de montage de télés, j'ai commencé à en baver. Les téléviseurs des années soixante avaient un grand tube cathodique et un grand coffre en bois, et fonctionnaient encore avec des lampes. Parfois alors que les filles allaient se laver les mains j'en profitais pour mettre sur leur chaise (elles étaient toutes en bois) un peu de trichloréthylène. Au début, le trichloréthylène donne une sensation de froid, mais deux minutes plus tard il chauffe comme du feu. Les filles nous traitaient de tous les noms, car elles ne savaient pas de qui venait la blague. Il nous arrivait aussi de mettre une fille dans un carton de télé. On mettait du scotch autour et on l'envoyait sur la chaîne. Un jour le chef de chaîne s'est caché et il a vu que cela venait de moi. Je me suis payé huit jours de mise à pied, mais ce n'était que justice, je suppose !

Cela faisait deux ans que je travaillais dans cette usine et pas moyen de m'en sortir. Le jour la chaîne et le soir chez le Tailleur Olivier jusqu'à des fois minuit. J'étais content à la fin du mois quand la paye arrivait. Je pouvais mettre un peu d'argent de côté, je pouvais payer une place de cinéma à une copine. Le reste du temps, je m'habillais très chic et on se promenait avec les copains, toujours en racontant des blagues, mais bien entendu sans déranger les autres. J'ai choisi la France comme terre d'accueil et je me suis toujours fait un devoir de respecter la France et les Français. Ma famille commençait à me manquer, car je n'avais pas le droit de retourner en Italie étant toujours considéré comme déserteur. Et puis un beau jour j'ai reçu une lettre de mon frère Officier dans la Marine à Messine. Il avait fait le nécessaire pour que je sois soutien de famille. J'étais dispensé de partir à l'armée. En Italie, si un garçon est sous les drapeaux, le deuxième est soutien de famille. Enfin j'étais libre de pouvoir voyager sans me faire arrêter à la frontière et aller partout où j'avais envie.

Nous sommes en 1959. Je commence à réfléchir à la meilleure façon de quitter cette fabrique de radios. Le samedi quand je ne travaille pas chez Olivier le tailleur, je vais à la gare de Rambouillet acheter un billet pour Paris. Je passe toute la journée à déambuler dans les rues parallèles à la gare Montparnasse, et entre dans tous les magasins pour demander s'il y aurait du travail pour moi comme tailleur, retoucheur, balayeur, n'importe quoi pourvu que je puisse sortir de cette chaîne d'usine. Je connaissais par coeur le quartier, j'allais même à La Coupole où j'avais trouvé une « vieille » comme le faisait un de mes copains. Mais c'était plus fort que moi, je ne pouvais pas sortir avec une vieille. Hélas! dans tous les magasins, c'était la même réponse. « Non » « Non Monsieur ! On n'a pas de travail pour vous ». Parfois pour me reposer j'allais au Select. C'était un bar situé en face de la Coupole où tous les jeunes allaient pour faire leurs devoirs, mais on ne pouvait pas rester plus d'une heure assis sinon il fallait commander une autre consommation. Je ne pouvais pas faire connaissance avec des jeunes gens. En arrivant le soir à la maison, je ne pouvais plus me tenir debout. Je m'asseyais dans le train, même par terre. Étant jeune, décemment je ne pouvais pas demander une place assise à une personne âgée.

J'ai travaillé encore un an à l'usine et pendant cette période je me suis dit : « Bien, on va essayer de s'amuser un peu », alors je sortais avec un copain, Totor, qui jouait à merveille de l'accordéon et, tous les samedis soirs, j'allais avec lui dans des bals. Il ne savait pas danser, tout comme moi. Nous rentrions en scooter jaune le dimanche matin, vers quatre heures, en arrivant sa mère qui était polonaise, nous attendait avec un bol de soupe Elle ne se couchait pas tant que son fils n'était pas rentré. Elle gardait chez elle des enfants. Un jour j'ai vu un bébé dans un berceau, il était très handicapé, son regard était vide, je n'ai jamais pu oublier cela de toute ma vie. Mon copain Totor et moi couchions tous les deux dans un grand lit ; lui se mettait au bord et dès qu'il s'endormait, il enlevait sa tête de l'oreiller pour la poser au bord du lit. Je me levais au moins trois ou quatre fois pour la lui remettre sur l'oreiller. Mais à chaque fois il recommençait. Alors j'abandonnais et le laissais dormir avec sa tête pendant dans le vide. Lundi matin, rebelote : au boulot ! Et pour bien commencer le travail, on avait avec nous deux petites souris dans un sac. Dès que la chaîne se mettait à marcher, les filles toutes assises près du tapis roulant, moi au bout, je lâchais sur le tapis mes souris ; alors je ne vous dis pas la panique des jeunes filles. Même le chef se marrait dans sa moustache, mais le règlement c'est le règlement : huit jours de mise à pied. Je n'ai plus recommencé. Par contre un jour je me suis amusé à draguer simultanément deux copines, Janine et Paulette (qui mesuraient respectivement 1m75 et 1m60). Je disais à Janine : « surtout, n'en parle pas à Paulette » et à Paulette « n'en parle pas à Janine ». Cela a bien marché un mois sans histoire, quand un soir Paulette m'a donné rendez-vous au cinéma ; c'est là qu'il y avait le plus de monde. Paulette ne voulait pas marcher elle disait :

- Attends un peu. Donne-moi ta main.

Qui je vois apparaître derrière : Janine ! Je n'ai pas eu le temps de m'expliquer que je reçois un coup de genou dans les parties. Paulette me tenait par les cheveux et Janine tapait. Elles m'ont laissé par terre avec des gens qui ont vu la scène pliés de rire. Je n'ai jamais réitéré l'expérience.

CHAPITRE VII
-UN PIED DANS LA PLACE-

Un jour, j'ai su par ma sœur que le tailleur Olivier voulait me voir. J'y suis allé en toute hâte.

« Joseph » m'a-t-il dit » « j'ai trouvé du travail pour toi à Paris, mais comme magasinier chez un fabricant de vêtements pour homme, rue de Turenne, dans le 3e arrondissement. Est-ce que cela t'intéresse ? »

Je n'ai pas réfléchi deux fois.

- Oui, oui Monsieur Olivier, je ne sais pas comment vous remercier....

Il m'a noté tous les renseignements sur un bout de papier. Il fallait être sur place à 8 h 30 lundi matin. Je me suis levé à 6 h, j'ai pris le train à 7 h à Rambouillet à 8 h j'étais à Montparnasse. Métro jusqu'à Châtelet après ligne N° 1 direction Château de Vincennes. Je suis descendu à Saint-Paul à 8 h 20. Cinq minutes de marche jusqu'à la rue de Turenne, le magasin se trouvait à l'angle de la place des Vosges et de la rue des Francs-bourgeois. Le patron m'attendait derrière un comptoir de quatre mètres de long. Je lui dis :

- Bonjour, Monsieur.

Avec évidemment mon grand sourire comme ma mère

m'avait appris.

- Bien me dit-il, tu veux travailler ? Attention, je n'aime pas les fainéants.

- Rassurez-vous. Je ne veux pas vous décevoir, ne serait-ce que pour ne pas faire honte à Monsieur Olivier.

- Pour commencer, tu montes avec moi au premier étage.

C'est là que se trouve la table de coupe. En face, il y avait de gros casiers pour stocker les pièces de tissus de 50 mètres. Il fallait que je ramasse toutes les chutes de tissus que le coupeur jetait par terre, car c'était une fabrique de costumes en gros et quand il coupait, il s'agissait de 30 à 40 costumes à la fois. Je ramassais les chutes dans de grands sacs et les descendais à la cave. Quand la cave était pleine, le patron les vendait au kilo. Il fallait également balayer le magasin, classer les costumes par couleurs et par tailles. C'était le premier jour, le soir je débauchais à 19 h, le patron m'a dit :

- À demain, Joseph.

J'étais tout content cela voulait dire que j'étais embauché.

Les horaires étaient 8 h 30 à 12 h 30 et de 14 h – 19 h plus trois heures de voyage. J'avais 12 heures de travail par jour dans les pattes. Au début, j'étais tellement content de travailler que je ne sentais pas la fatigue. Le lendemain j'étais plus à l'aise que le premier jour, j'ai fait connaissance de Daniel : c'était le coupeur. Il était très gentil et tout comme moi, célibataire. Nous sommes devenus très vite copains. Il habitait à côté du 15 rue des Francs-Bourgeois, et rentrait donc chez lui pour déjeuner. Moi, j'avais ma gamelle dans un sac noir. Au début, je ne pouvais pas demander au patron de rester à l'intérieur entre midi et demi et 14 h, alors j'allais dans un restaurant à l'angle de la place des Vosges. J'avais demandé l'hospitalité poliment au patron du restaurant. Il s'appelait Monsieur Louis, un Auvergnat.

– Aucun problème ! Tu consommes un verre de

rouge et ça ira.

Il m'a donné une petite table au fond de la salle près d'un poêle qui marchait au charbon. Je sortais ma gamelle et une fois que j'avais fini de manger je demandais un café. On le payait vingt centimes de francs. Après j'allais me promener une heure place des Vosges. Parfois, quand il faisait beau je m'asseyais sur une chaise en fer que l'on pouvait déplacer en fonction du soleil. Oui, en 1960 tous les carrés de la place des Vosges étaient garnis de pelouse avec des fleurs de toutes les couleurs. Je me souviens surtout des pensées bleues et des chaises tout autour. On pouvait se mettre à l'ombre ou au soleil. Il y avait une gardienne qui portait un grand tablier, avec une grande poche devant pour mettre l'argent, car la chaise se louait dix centimes. Parfois, on la surveillait et on partait avant qu'elle n'arrive, mais aussi parfois elle se cachait et nous surprenait par-derrière ; là il fallait payer. À cette époque, la place n'était pas restaurée. Il n'y avait que de vieilles boutiques. Le restaurant dans lequel je mangeais ressemblait à un vieux bistrot qui faisait également bureau de tabac. Aujourd'hui c'est le restaurant le plus sélect de la place. Les ruelles autour tenaient toutes par des poutres, et dans la rue des Francs-Bourgeois il n'y avait que des marchands de tissus. En arrivant rue de Turenne par la rue Saint-Antoine, il y avait des baraques en bois avec des femmes qui tenaient des petits commerces. Je mangeais aussi ma gamelle en face du musée Carnavalet, dans un petit bar qui, aujourd'hui, est devenu un magasin de haute couture.

Revenons à mon activité. Cela faisait deux ou trois mois que je travaillais. Le patron avait confiance en moi et me laissait les clefs à midi, me permettant ainsi de manger sur place. J'avais acheté un petit réchaud de camping pour chauffer mon déjeuner. Parfois, je m'enfermais pour pouvoir étudier tous les patrons en carton. Un jour avec le patron, on a rigolé il voulait m'apprendre à couper des métrages de doublure et toile pour les donner à l'entrepreneur et il a voulu me mettre à l'épreuve, car il fallait savoir compter.

- 5 fois 7 ?

Je lui réponds :

- 30 !

Il me répète plusieurs fois 5 fois 7. Toujours 30. Alors il a une idée et s'exclame :

- 7 fois 5 !

Je réponds :

- 35 !

Il me regarde.

- Tu es bien un Italien !

Pendant ce temps-là Daniel coupait au premier étage. En passant il me dit :

- Ce soir tu restes à Paris avec moi comme ça on pourra aller faire la java.

Il avait une Dauphine. Je ne me souviens plus de la couleur, mais je me souviens du bruit : on aurait dit une gamelle que l'on traîne sur les pavés. Nous avons quitté le travail à 19 h.

Daniel m'a dit :

- Ce soir, tu vas te régaler. Je t'emmène chez mon oncle rue des Rosiers, c'est le spécialiste de la carpe farcie.

Nous sommes allés à pied de la rue de Turenne à la rue des Rosiers. Il n'y avait que 1500 mètres. Je le suis. En arrivant, je regarde la vitrine. C'était plein de photos. Dans une autre vitrine, il n'y avait que des saucissons un peu rouges. Je demande à Daniel :

- Pourquoi c'est rougeâtre ?

Il me répond :

- Dans ce magasin, tout est casher.

- Ah bon ! Je réponds comme si je savais ce que voulait dire casher, en levant les yeux pour voir l'enseigne : Jo Goldenberg.

En effet la carpe farcie était un régal je n'en ai jamais oublié le goût. Nous sommes allés récupérer la voiture et nous voilà partis pour faire le tour de Paris. C'est avec Daniel que j'ai connu tout Paris. Il me disait :

- Regarde comme c'est facile de connaître Paris ! Tu fais tous les monuments. Viens on y va. Départ Bastille, Louvre, Concorde, Tour Eiffel, Trocadéro, Porte-Dauphine, Arc de Triomphe, Saint Augustin, Opéra, Galeries Lafayette, Trinité, place Pigalle, Moulin Rouge, Montmartre, place du Tertre. Et voilà une fois que tu commences à te repérer tu seras un vrai parisien.

Une fois à Montmartre, on rentre dans un piano-bar pour écouter des chansons paillardes, et parfois avec Daniel on dansait la tarentelle. Tous les touristes dansaient comme nous. On est rentré tard dans la nuit. Le lendemain il fallait travailler. Souvent le patron n'était pas là ; il allait vendre dans les magasins dans tout Paris, car il était un grand fabricant très connu. Avec Daniel, on parlait souvent de coupe et de filles. Daniel me demandait des conseils. Comment s'y prendre quand un costume « tombe » mal ? Alors je lui ai expliqué, car moi j'avais appris toutes les morphologies de l'être humain et savais faire les retouches en conséquence. Il faut savoir que l'homme se différencie par les aspects suivants :

Tête en avant –Tête en arrière – Cou long – Cou court
Épaule basse – Épaule haute – Une épaule plus basse que l'autre.
Dos rond – Omoplate saillante - Bossu – Colonne vertébrale tordue.
Poitrine plate – Poitrine ronde – Dos large.
Hanche plus haute – Fesses hautes – Fesses basses - Fesses rondes - Fesses plates.
Tenue penchée en avant – Tenue penchée en arrière.

Jambes arquées – Jambes contre arquées.
Mollet fort – Mollet plat.
Pieds à l'intérieur – Pieds à l'extérieur.
Bras vers l'intérieur – Bras vers l'extérieur.

Daniel ne connaissait pas tous ces défauts. Il mettait le modèle et coupait autour. Un jour que je lui demandais son vrai métier, il m'a répondu :

- Je travaillais dans une charcuterie comme coupeur de saucisson.

J'ai ri de bon cœur. C'est le seul copain que j'avais à Paris. Parfois on allait à Joinville-le-Pont, chez Gégène, pour écouter de l'accordéon. L'ambiance du cabaret était extraordinaire. On faisait aussi un tour sur les bords de la Marne pour regarder les bateaux. Je me souviens un soir Daniel s'est approché trop près du bord et est tombé à l'eau. Pour rentrer, il a roulé tout nu dans sa Dauphine. Heureusement c'était l'été. Nous avons passé des moments formidables avec lui, il rigolait tout le temps, mais quand il se mettait en colère personne ne pouvait le retenir. C'était surtout avec ses parents qu'il se mettait en colère. Il ne supportait pas qu'ils lui fassent une réflexion. Ses parents avaient un atelier 108 rue Oberkamph au premier étage et dans cet atelier j'allais parfois faire quelques costumes sur mesure pour des amis, car ils voulaient toujours une originalité. Un jour j'ai fait un costume en alpaga bleu clair et en bas des manches au lieu de mettre des boutons j'ai fait une boutonnière avec des boutons de manchettes tout en or. Apparemment il était ravi, car tout le monde lui faisait des compliments : grâce à Jojo. Jojo : c'est moi !

Et puis un matin il ne s'est pas présenté au travail et il n'était pas chez lui. On a commencé à s'inquiéter. Vers dix heures on voit arriver deux motards. C'étaient des gendarmes, ils venaient pour acheter des costumes chez nous, car on leur faisait le prix de gros. Et petit à petit, ils ont commencé à poser des questions :

– Daniel Koutchouk ; il travaille chez vous ?

On a répondu oui et ils se sont décidés à lâcher le morceau.

- Ce Daniel qui travaille chez vous a été arrêté comme souteneur au Bois de Vincennes.

Il vivait avec Maria une prostituée : jolie, grande, une belle blonde, mais dont Daniel était vraiment tombé amoureux, Maria l'aimait en retour. Malheureusement un inspecteur de police l'a arrêté comme souteneur. En sortant de prison, Daniel et Maria ont porté plainte contre l'inspecteur de police, car c'était lui et lui seul le vrai maquereau. Ils s'aimaient d'un amour fou et Daniel a réussi à enlever Maria du trottoir sur lequel elle travaillait pour cet inspecteur de police. Un an après, le procès s'est déroulé au Palais de Justice dans l'île de la Cité. J'étais témoin au procès. Daniel et Maria ont trouvé la liberté et l'amour. Quant à l'inspecteur de police, il a été relevé de ses fonctions. Ils ont trouvé un appartement à Saint-Germain des Prés. Maria habitait auparavant dans une chambre de bonne au 42 rue du Faubourg Poissonnière pas loin des Folies Bergères. Un jour elle m'a demandé :

- Dit ! Jojo, puisque tu viens de Rambouillet tous les jours cela serait moins fatigant pour toi d'habiter à Paris. Si cela t'intéresse, je peux te louer ma chambre. Comme loyer tu me donnes cinquante francs tous les trois mois. »
J'étais tellement content que je lui au sauté au cou. Me voilà parisien. Je n'allais à Rambouillet que le week-end. La chambre était toute meublée c'est-à-dire qu'il y avait un lit de 90 cm de large, une chaise en paille, une commode, une penderie sans porte. Il y avait tout de même un cordage au milieu pour accrocher mes vêtements, une minuscule table bancale.
Le chauffage consistait en un petit réchaud électrique à du serpentin. Chaque fois qu'on le branchait, cela brûlait toute la poussière qui tombait. Cette chambre se trouvait au 7e étage. Il fallait passer par l'escalier de service en colimaçon. En arrivant en haut on prenait un long couloir et au bout il y avait un robinet qui distribuait de l'eau et un W.C. à la turque. Pour entrer chez moi, on reconnaissait vite la porte, c'était la seule qui avait un grand trou près de la serrure. Je n'étais pas mécontent de mon sort. Ma chambre donnait

dans une cour et, en face de ma fenêtre tous les soirs il y avait un spectacle. Une fille se mettait à poil et faisait de la culture physique. Mais cette chambre était formidable : en été, j'avais trop chaud, car elle était située sous les toits en zinc et en hiver, je claquais des dents avec la fenêtre sans carreaux.

Me voilà tout seul à Paris dans une chambre de bonne de dix mètres carrés. Heureusement que je travaillais 45 heures par semaine. J'aurais travaillé 35 h, comme aujourd'hui, c'était le suicide assuré. Le soir, je quittais le travail à 19 h. Parfois je rentrais chez moi pour me faire des pâtes sur le petit réchaud par terre ; parfois j'allais faubourg Montmartre pour manger dans un libre-service. Je voulais faire des économies pour plus tard. Je n'avais pas de voiture, pas de radio, pas de télé. Je n'allais jamais dans les boites de nuit, jamais au théâtre, de temps en temps au cinéma. Mais, mon plus grand plaisir c'était de marcher les soirs d'été le long de la Seine, contempler les reflets des lampions sur les ponts de Paris. J'allais à la pointe de l'Isle St Louis. C'était splendide de voir couler la Seine de chaque côté de moi. Je m'appuyais souvent au saule pleureur dont les branches tombaient dans l'eau : c'était très beau. J'écoutais dans le calme de la nuit des jeunes guitaristes qui chantaient « Sous les ponts de Paris, lorsque descend la nuit... »

Un jour, je me suis mis en tête de faire à pied tous les ponts de la Seine et je les ai comptés. Je commence par le Viaduc d'Auteuil – le pont Mirabeau – le pont de Grenelle – le pont de Bir-Hakeim – le pont d'Iéna – la passerelle Debilly – le pont de l'Alma – le pont des Invalides – le pont Alexandre III - le pont de la Concorde – le pont de Solférino – le pont Royal – le pont du Carrousel – le pont des Arts – le Pont-Neuf – le pont au Change – le pont Saint-Michel – le pont Notre-Dame – le Petit-Pont - le pont d'Arcole – le pont au Double – le pont de l'Archevêché – le pont Saint-Louis – le pont Louis-Philippe – le pont Marie – le pont de la Tournelle – le pont Sully – le pont d'Austerlitz – le viaduc d'Austerlitz - le pont Charles de Gaulle – le pont de Bercy – le pont de Tolbiac – le pont National. J'ai visité les 33 ponts. J'ai mis quatre semaines ; évidemment je ne marchais que le soir, la journée je travaillais.

Nous sommes début 1961. Un vendredi, je reçois un coup de téléphone de ma soeur Carmela qui habitait à Rambouillet et que j'avais quittée pour habiter Paris. Notre sœur cadette Annie habitait également chez Carmela. Annie travaillait à l'usine. Elle avait pris ma place, et était folle amoureuse d'un garçon nommé Marc. Ils se fréquentaient depuis un certain temps et le coup de fil que je venais de recevoir m'annonçait qu'Annie voulait mettre fin à ses jours, Marc étant tombé amoureux fou d'une autre jeune fille qu'il avait croisée une fois dans la rue, cette femme s'appelait Maryse. Il passait et repassait devant la fenêtre de Maryse qui brodait derrière sa fenêtre. Elle ignorait ce garçon qui faisait les quatre-cents pas et mon rôle à moi était de venir un samedi pour l'inviter et l'emmener au cinéma avec l'accord de la sœur de Maryse et Candide la fille de ma sœur Carmela. En effet, en arrivant à Rambouillet le samedi, vers 17 h, je suis allé voir Annie ma petite sœur. Elle était en pleurs.
Je lui dis :

« Habille-toi et ce soir tu viens au cinéma avec moi. »

Vers 19 h 30 nous voilà partis. Je suis allé chez Maryse avec l'excuse de voir ma nièce Candide. Évidemment, j'avais mis mon plus beau costume. Je m'en souviens encore il était en laine et mohair bleu ciel avec de jolis reflets. Quand Maryse m'a vu, elle est tombée amoureuse de mon costume... Je me suis présenté avec classe, bien sûr, en lui demandant si elle me ferait l'honneur de venir au cinéma avec moi. Elle m'a regardé dans les yeux et m'a répondu :

- C'est d'accord Monsieur.

J'ai été très soulagé, car je pensais à ma petite soeur. Il faut dire que Maryse avait la beauté d'une Miss France ; d'ailleurs je lui ai dit qu'elle ressemblait à Élisabeth Taylor. Elle avait le même grain de beauté à gauche du menton. Nous voilà partis au cinéma, Maryse, Annie et moi. Le cinéma se trouvait au centre-ville dans une cour au premier étage. Il y avait une salle qui servait aussi de bar. À l'époque, il y avait un entre-acte et nous sommes allés au bar prendre un verre. Soudain, je vois arriver vers notre table un garçon que je ne connaissais pas. Il vient vers moi me dit :

- Bonsoir Monsieur, je m'appelle Marc. Pourrais-je avoir la main de votre sœur ?

J'ai failli pisser dans ma culotte quand j'ai vu sa tête avec sa moustache noire un peu en biais. Je regarde ma sœur. Elle avait dans les yeux un bonheur indescriptible. Maryse ne comprenait rien. C'est ainsi que Marc et Annie se sont fiancés.

Le lendemain, Maryse pensait que j'allais l'inviter à se promener, mais moi je n'avais pas prévu de passer le dimanche à Rambouillet. J'étais surtout venu pour rendre service à ma sœur Annie. Par contre je retournais le samedi de la semaine prochaine pour l'inviter. Nous sommes allés dans un petit café et, là, je lui ai déclaré ma flamme. Elle a compris la moitié de ce que je lui disais. Elle n'était pas habituée à parler avec des étrangers. Tout d'un coup, je me suis décidé à lui dire :

- Mademoiselle, voulez-vous m'épouser ?

- Comme vous allez vite ! me répond-elle, je ne vous connais que depuis trois ou quatre heures et vous me demandez de vous épouser. Tout d'abord, je dois vous connaître, en parler à mes parents et ensuite vous viendrez à la maison pour demander ma main à mon père.

Dans ma tête, je croyais qu'elle était une femme comme toutes les autres, mais petit à petit je me suis rendu compte qu'elle était assez différente. Il fallait la raccompagner à la maison toujours avant minuit. Une seule fois nous sommes rentrés dix minutes après minuit (d'ailleurs ce n'était pas notre faute, nous venions d'un anniversaire d'une de mes nièces). Le père nous attendait dans la salle à manger pour nous faire la morale et nous faire promettre de ne jamais recommencer. Nous nous connaissions pourtant depuis six mois, mais, rien à faire, c'était toujours comme le premier jour. Elle restait toujours sur ses gardes, car elle avait entendu parler de ma réputation avec les filles. Maryse me disait souvent qu'elle n'était pas comme les autres et de ne pas aller trop vite. Cela me plaisait. Je me disais : « Enfin, une fille qui ne se couche pas si je ne la touche pas. » Pour moi, c'était très important, le sérieux d'une fille, car je venais de la Calabre où il n'était pas évident de coucher. Avec Marc le fiancé de ma sœur nous avons fait plus large connaissance. Il avait une 4 CV et on se promenait souvent ensemble on allait même tous les quatre dans sa voiture jusqu'à Deauville. Maryse n'était pas habituée à aller à la mer et malgré le soleil voilé par les nuages elle a attrapé une insolation ; elle est restée alitée huit jours.

Et puis nous avons décidé de nous marier et le 6 septembre 1962, nous sommes passés devant Monsieur le Curé dans l'église de Rambouillet. Du côté de Maryse, il y avait trois invités. De mon côté, il y avait au moins une cinquantaine de personnes. Tout allait bien dans l'église quand soudain, après la cérémonie, j'ai vu derrière un pilier une petite fille et sa maman qui la tenait par la main. Elle me regardait et sa maman pleurait. C'était Louise et la petite Clara. C'est la dernière fois que je les ai vues. La fête s'est déroulée le soir dans une grange que j'avais décorée. Les tables étaient constituées de tréteaux et de planches. Parmi les invités, il y avait Totor, l'accordéoniste, et un copain à lui qui jouait de la batterie. Tout cela était gratuit. Mon patron, sa femme, Daniel et sa femme Maria étaient venus exprès de Paris pour assister à mon mariage. Par la suite nous avons habité chez mes beaux-parents. Ils ne demeuraient pas loin de la gare environ cinq-cents mètres. Leur maison était un beau pavillon tout en pierre, un jardin et au fond du jardin, un garage et deux dépendances. C'était une maison bourgeoise avec une très grande cave où l'on stockait le charbon pour l'hiver. Au premier étage il y avait un petit appartement. Maryse et moi occupions celui de droite. Une grande chambre avec une fenêtre qui donnait sur la rue, une petite pièce pour une chambre d'enfant et une grande . La pièce principale mesurait dans les 25 m. Toutes les fenêtres avaient un joli style « chien assis». Tout le haut de la maison était sculpté en bois : un vrai petit château. Le problème, c'était qu'il n'y avait pas de confort : pas de sanitaire, pas de salle de bain, pas de douche. La toilette se faisait dans la cuisine avec une bassine ; on faisait chauffer de l'eau et on se lavait avec un gant.

Tous les matins, il fallait se lever à six heures, car je prenais le train à sept heures pour Paris. Trois heures de transport et neuf heures de travail égalent douze heures par jour. Une fois marié, j'ai rendu la chambre de Paris et j'ai voyagé pendant huit ans de Rambouillet à Paris, mais ce n'était pas désagréable. Je m'étais fait pas mal de copains et de copines dans le train. Ils venaient de Chartres et me gardaient toujours une place assise, car le train était déjà bondé lorsqu'il arrivait à Rambouillet. Tous mes amis m'attendaient avec impatience pour voir comment je m'étais habillé. Je changeais de costume tous les jours. Je portais souvent une redingote, style 1900 coupée à la taille et boutonnée très haut. J'arborais également une cape noire doublée de velours bordeaux et un sac de cuir.

Un jour, je l'ai oublié dans le train et ne m'en suis rendu compte qu'arrivé à Châtelet, car souvent mes amis me serraient contre eux pour éviter de descendre du métro. Donc, je fais marche arrière pour retrouver mon sac. En arrivant à la gare je monte dans les bureaux et demande au chef de gare qui était de service :

- S.V.P. Avez-vous trouvé un sac noir dans un wagon ?

- Ah oui, tout en criant : c'est le sac avec la gamelle dedans ?

Je me retourne de l'autre côté comme s'il s'adressait à une autre personne.

- Eh vous ! Avec la cape si vous voulez votre gamelle, avancez !

Je ne savais pas où me mettre ... la honte. Enfin j'ai récupéré mon sac. Je suis arrivé au travail avec une demi-heure de retard. Mon patron n'était pas tendre avec les horaires. Un quart d'heure de retard ou une demi-heure, il les enlevait de la fiche de paye. Parfois Place des Vosges, des filles se rapprochaient de moi lorsque j'étais assis sur un banc. Elles me prenaient pour Jean-Claude Brialy qui habitait place des

Vosges. Il faut dire qu'entre nous la ressemblance était frappante, j'étais un peu plus petit que lui, mais pour le visage c'était presque cela. Parfois vers 11 h, j'allais changer le disque de la voiture de mon patron et je voyais Michel Simon sortir du garage avec sa grande Buick noire.

Sur la place des Vosges, il y avait des tournois de chevaux, et une fois un cheval n'a pas pu s'arrêter à la grille et il s'est tué. Il y avait aussi un vieux magasin que j'adorais c'était les « deux Orphelines. » À 14 h il fallait rentrer au magasin pour travailler.

En deux ans de présence, j'ai fait du progrès. Le patron était content de moi, car Daniel coupait des centaines de manteaux droits et croisés ; tissu en bouclette noire, ligne droite, poches raglan et moi je posais des cols châles en astrakan. Les manteaux étaient livrés dans toute la France. À cette époque, en 1962, la mode pour homme, c'était la veste courte au ras des fesses, un bouton à la taille, des revers étroits larges de cinq centimètres, sans fente, très large avec manches gigot. Le pantalon, bas étroit, largeur entre 18 et 20 cm, le haut un pli à la ceinture, deux poches couture et boutons de braguette.

Le soir, je ne rentrais pas chez moi avant 20 h 30. Ma femme avait déjà préparé la table, car elle travaillait à Rambouillet dans une compagnie d'assurance. Après dîner, on bavardait un peu et surtout on parlait de nous offrir nos premières vacances. Partir une semaine en montagne, car, à la maison, on n'avait ni télé ni radio. C'était une époque formidable ! On était heureux avec rien. Aujourd'hui les gens sont blasés parce qu'ils ont tout. Donc, en janvier nous avons retenu une semaine pour partir à Saint-Avre-la-Chambre, en Savoie. Ma femme avait peur de faire du ski, moi je m'amusais comme un enfant, par contre les gamelles que j'ai prises, je m'en souviens encore. Les vacances terminées, il fallait reprendre le travail. La routine reprenait train, métro, boulot dodo. Combien de fois ma cape est restée coincée dans les portières du métro, déjà à l'époque je voyageais debout. Un jour, dans le métro on était serrés, d'une main je tenais mon sac et de l'autre, je me tenais à la barre au milieu du métro. À côté de moi il y avait une fille qui soudain me gifla sans prendre garde. Je suis resté un peu con… elle se faisait peloter par un couple. Le mari tenait sa femme serrée contre lui, mais avec les mains contre le dos de sa femme, pelotait les fesses de la fille. Comme par hasard, le soir elle s'est assise dans le train, en face de moi. Elle allait à Chartres et moi à Rambouillet. En me voyant, elle faisait la gueule d'une fille agressée. Et puis, timidement, je lui raconte la scène du couple dans le métro et lui ai dit que je n'y étais pour rien. Nous avons fait connaissance et à partir de là elle s'est ralliée à notre groupe de voyageurs du matin. En rentrant à la maison, je raconte l'histoire à ma femme qui, elle, ne croyait pas trop à l'histoire du couple. Elle croyait que c'était vraiment moi qui avais peloté les fesses de la fille. Mais enfin, elle ne m'en a pas voulu.

Nous sommes en 1963. Mon copain Daniel tombe gravement malade. Il ne peut plus travailler, le médecin l'envoie à la montagne au Plateau Dassy et c'est à cet instant que ma vie bascule.

CHAPITRE VIII

- PREMIÈRE LIGNE DE COSTUMES-

En attendant, j'avais demandé le changement de ma carte de séjour, mais la Préfecture de Paris dans l'ile de la Cité ne voulait pas me la changer , en effet la carte de séjour précédente portait la mention « Ouvrier qualifié », alors que moi, j'avais besoin de la carte d'identité marquée « Tailleur ». Un employé de la Préfecture est venu un jour me voir au travail et s'est proposé de me faire cette carte en échange d'un costume sur mesure. Je lui ai dit :

- Je vais réfléchir !

La raison était : que Mr Albert Goldenberg m'avait promis de s'en occuper personnellement. En effet, une dizaine de jours plus tard, je vois arriver Goldenberg avec ma carte d'identité pour dix ans. J'étais tellement content que me voilà parti déposer une demande de naturalisation à la Préfecture. Pendant ce temps, Daniel se préparait à partir et mon patron cherchait un coupeur pour le remplacer. Je me suis proposé, mais le patron était réticent, car c'était une lourde responsabilité. Il fallait couper les vêtements par matelas de dix à quarante pièces à la fois. Il fallait accorder tous les carreaux. Mais tout cela, je savais le faire. Quand le patron n'était pas là, je regardais comment Daniel plaçait les tissus. Le patron cherchait toujours, mais personne ne se présentait pour la place. Alors je me suis mis un peu en colère et je lui ai dit :

- Soit, vous m'embauchez comme coupeur, soit je m'en vais. Prenez-moi au moins à l'essai !

Le patron me regarde et comprend que j'avais vraiment envie de cette place. Il me prépare un tableau avec trois ou quatre tailles à couper et pour me faire peur il met et plusieurs couleurs et un mélange de tissus unis, à carreaux, rayés. Il me donne trois mètres de tissu par costume tout comme il le faisait pour Daniel sauf que moi, j'ai triché un peu. Je coupais la garniture et les passepoils moins larges. Le patron n'en revient pas, car il a gagné trente centimètres de tissus par costume et quand vous coupez cent costumes, cela fait une économie de trente mètres. Et puis, je mettais la moitié moins de temps, en effet j'ai eu l'idée de couper deux tailles à la fois.

Exemple : 44 et 42. S'il y avait dix 44 et dix 42 je mettais vingt feuilles de tissu. J'enlevais les premiers dix 44 et il me restait que des tailles 42. Au lieu de mettre deux jours je mettais une seule journée. Mais je ne trichais que lorsque le patron n'était pas là. Il était stupéfait, il se demandait comment je pouvais aller aussi vite et faire autant d'économies.

À partir de là, j'ai été son Dieu. Le soir, j'étais un peu fatigué, car il fallait rester 9 h ½ debout. Et en plus de rester debout, il fallait dérouler les pièces de tissus de 50 mètres. Les pièces mesuraient 1,50 mètre de large il fallait les plier en deux pour obtenir 0.75 cm. La table mesurait 4.50 m de long et 1.50 m de large, toute la journée donc il fallait aller d'un bout de la table à l'autre cela faisait aller et retour neuf mètres à la minute. Calculez… par 9 h ½ je marchais sur place cinquante kilomètres par jour. À l'heure du déjeuner, je me reposais, je profitais de mon temps de pause pour visiter le vieux Marais. J'allais surtout à la Bastille. Je rentrais dans la gare. Cette gare desservait les banlieues comme Chennevières, ou Joinville-le-Pont. Parfois on allait voir les studios de cinéma de Joinville. Le chemin de fer passait par la place de la Bastille dans les années 1960. Si vous passez par la Bastille, tournez les yeux vers le nouvel Opéra et vous verrez que toutes les plaques de marbre extérieures tombent une à une, un défaut de construction ! Je me promenais aussi rue de Lappe, au Balajo, pour entendre les accordéonistes. C'était une rue très animée d'ailleurs aujourd'hui cela n'a guère changé, seule la clientèle est différente… plus sélect.

Le patron me préparait des tableaux de coupe de plus en plus importants. Parfois il fallait couper cent cinquante costumes par jour. Il était très malin ; il avait proposé à l'entrepreneur de prendre beaucoup moins cher de façon si on lui donnait le travail tout réglé. À partir de là, il m'a demandé si je voulais régler les costumes dans mes heures de repos : c'est-à-dire de 12 h 30 à 14 h, et il me payait à la pièce. J'ai été d'accord, car je pouvais régler en secret, ainsi je gagnais du temps pour manger un morceau et ma paye s'arrondissait. Il m'a même proposé, si je le voulais, de travailler le samedi comme vendeur de costumes au magasin, car il avait acheté un grand magasin boulevard Saint-Germain. Il me payait au pourcentage 10 % sur les ventes que je faisais. Donc, j'étais tout seul pour vendre à la fabrique. Mais j'étais très malin. Quand un client venait acheter un costume en semaine et si le patron n'était pas là, je disais au client que je n'avais pas le temps de le servir, qu'il revienne le samedi comme cela j'avais mes 10 %.

Nous sommes en 1964. Ma femme est enceinte. Le 30 novembre de cette même année, je me souviens encore j'étais au premier étage en train de couper. Mon patron m'a appelé :

- Joseph, téléphone pour toi !

Je me suis dit c'est tout de même bizarre le téléphone pour moi, car on n'avait pas le droit de recevoir des coups de fil. J'étais un peu inquiet. En effet le coup de fil était pour m'annoncer la mort de mon père. Je me suis écroulé en larmes sur ma table de coupe. Je savais que cela devait finir ainsi, car l'année précédente, mon père avait une attaque cérébrale. En effet, la dernière fois que j'étais allé en Italie pour le voir il ne parlait plus, il bégayait avec les lèvres. Il voulait me parler, mais ne pouvait pas. Il me serrait la main en pleurant, comme un enfant. Peut-être voulait-il se faire pardonner le passé quand je n'étais qu'un enfant et que je le regardais manger en pleurant.

Le patron est monté au premier étage. Il m'a vu effondré sur la table. Je lui ai dit que mon père venait de mourir et que je voulais partir en Italie pour assister à l'enterrement. Il m'a dit :

- Bien sûr, vas-y.

J'ai téléphoné à ma femme pour lui annoncer la mauvaise nouvelle. Elle ne pouvait pas venir avec moi, étant enceinte de six mois. Je suis allé directement à l'aéroport de Charles de Gaulle et j'ai pris un billet aller-retour pour l'Italie. Dans l'avion je ne pouvais pas retenir mes larmes. À un moment une hôtesse m'a donné un petit sachet. Croyant que c'était un bonbon, je l'ai mis dans ma bouche après avoir enlevé le papier. Mais quand il a été dans ma bouche j'ai compris que ce n'était pas un bonbon, mais un rince-doigt parfum citron… mon voisin de siège a ouvert les yeux et est resté bouche bée. C'était la première fois que je prenais l'avion. En arrivant à Reggio de Calabre, une fois l'avion posé sur la piste tout le monde s'est levé de son siège et a applaudi le pilote. C'est une coutume en Calabre. Il en a été de même pour mon père. Les gens ont applaudi au passage de son cercueil sous le porche de l'église … Encore une coutume. De mon père je n'ai vu que le cercueil, car en Italie les gens sont enterrés un jour après leur décès.

J'ai revu son corps vingt-cinq ans plus tard, lorsque l'on a mis ses restes à reposer près de ceux de ma mère au moment de son décès. Mais là surprise ! Son corps était intact. Il était tel que je l'avais connu de son vivant…

En rentrant en France, je suis allé évidemment à Rambouillet voir ma femme pour lui raconter mon voyage. Le lendemain, après le travail, tous mes amis, dans le train, m'ont présenté leurs condoléances. Évidemment l'ambiance n'était pas comme d'habitude. Je portais une cravate noire et un gros bouton noir sur le revers de mon veston que j'avais fabriqué moi-même. Je suis descendu au métro Saint-Paul pour prendre un petit déjeuner. J'allais dans ce café, Le

Dôme, qui était le seul à la mode dans le quartier. Toutes les jeunes filles du lycée Charlemagne y allaient. Parfois il y avait de petits trafics de briquet en or de la marque Dupont. Je me souviens, j'en ai acheté un et je l'ai perdu dans la forêt le lendemain ; comme quoi « bien mal acquis ne profite jamais… »

J'ai repris mon travail routinier et je commençais à m'ennuyer à force de couper tout le temps le même modèle. Alors j'ai demandé au patron si je pouvais créer une nouvelle ligne de costume pour homme. Il m'a dit :

- Aucun problème, je te fais confiance.

Alors j'ai commencé à faire un modèle avec toutes les proportions de l'homme. Une fois terminée la ligne était très près du corps. J'ai mis cette ligne de modèle de côté pour la lancer plus tard, car nous sommes le 28 février 1965 et ma femme vient de mettre au monde une petite fille à l'hôpital de Rambouillet que nous avons appelé Florence (avec comme deuxième prénom Marie-Christine). Florence en souvenir de vacances passées dans cette merveilleuse ville. À cette même époque, je passais le permis de conduire et je l'ai eu du premier coup sans savoir écrire et à peine lire. Avant que ma femme ne se rende à l'hôpital, nous avions décidé d'acheter une voiture. Nous n'étions pas riches, mais nous avions économisé assez d'argent pour acheter une 4CV d'occasion évidemment. Je me souviens, dès que j'ai eu mon permis j'ai voulu aller chercher ma femme et le bébé à la sortie de l'hôpital. Les routes étaient enneigées et verglacées. Mon beau-père me dit :

- Vous allez où avec la voiture ?

- À l'hôpital, chercher ma femme et la petite Florence.

Il est entré dans une colère… Il m'a dit :

- Vous êtes complètement taré ! Sortez de là et laissez-moi la voiture je vais les chercher.

Et je lui ai laissé le véhicule ! C'était plus prudent, car mon

beau-père était un grand mécanicien. Il connaissait les voitures et la conduite sur route ; je me suis plié à son exigence.
Je passais tous mes dimanches dans ma 4CV avec ma femme et ma fille dans la forêt de Rambouillet, Clairefontaine et les alentours. Ma fille Florence était élevée à la dure, car ma femme et moi travaillions, et il nous fallait déposer l'enfant chez la nourrice. En plein hiver, nous sortions la petite, dans un landau. La voiture n'était pas chauffée à l'arrière. Il y faisait un froid de canard. Nous montions notre bébé au troisième étage chez la nourrice, dans les escaliers en plein courants d'air. Mais la petite Florence tenait le coup, jamais un rhume… ! Comme quoi, les enfants ne doivent pas être élevés dans du coton.

C'est à cette époque que je commençais à mettre mes idées de créateur à exécution. J'ai mis sur un mannequin mon premier modèle près du corps. En 1966 je lance, dans tout Paris la mode très cintrée, c'est-à-dire veste un bouton à la taille, deux grandes fentes trapèze, col et revers arrondis. La veste plus longue qui couvre les fesses, pantalon un peu plus large du bas et sans pince à la taille. Je crée aussi le costume croisé six boutons hauts avec col et revers Danton. Toutes les créations étaient pour mon patron qui a envahi le Tout-Paris et aussi toute la France. Tous les magasins des grands boulevards, boulevard Magenta, Saint-Michel, Saint-Germain, il y avait même un magasin très connu sur les grands boulevards qui s'appelait 57e Avenue. Il vendait des centaines de mes modèles par semaine. Je ne comprends pas pourquoi les médias attribuent si souvent la création des modèles à des magasins de couture connus et pas à l'artisan qui, lui, crée vraiment. Évidemment, les artisans n'ont pas d'attachés de presse pour la publicité et pas de moyens financiers…

Je commence à gagner un peu plus d'argent et j'envoie à la fourrière la 4 CV pour acheter une voiture neuve. Avec ma femme nous sommes allés chez Simca pour acheter une Simca 110 coupé, de coloris rouge. Elle était magnifique. On allait souvent en Italie avec la petite Florence couchée dans un bac derrière sur la banquette. On emportait avec nous un petit réchaud pour réchauffer la Blédine de la petite.

Combien de fois le pauvre bébé couchait sur des bouteilles pour passer la douane, combien de fois on mettait des bidons pleins d'alcool aux pieds de ma femme, car la douane ouvrait le coffre arrière, passait la tête en l'intérieur et, voyant la petite dormir nous faisait passer. On se regardait avec Maryse et on disait : « On l'a encore échappé belle. »

Ma femme travaillait dans une compagnie d'assurance à Rambouillet. La voiture évidemment était assurée dans cette compagnie. Cela ne faisait même pas un mois que j'étais assuré que se déclare la grève de mai 1968. Évidemment, la SNCF était en grève. J'ai pris ma belle voiture pour aller travailler et, en même temps, un couple d'auto-stoppeurs qui allait travailler comme moi sur Paris. Mais en arrivant à Trappes, il y avait des feux à un carrefour sur la nationale 10. De loin, je voyais le feu vert, mais quand je suis arrivé à trente mètres je me suis rendu compte qu'un camion était arrêté. Ce matin-là il y avait une petite pluie et du brouillard donc pas de visibilité. Je me suis encastré dans le camion, je n'ai pas manqué de sang froid en visant la roue de secours, mais cela n'a pas empêché qu'il manquait la moitié du devant de la voiture. J'ai pu quand même continuer ma route jusqu'à Paris, mais le couple d'autos- stoppeurs n'a pas voulu monter jusqu'à Paris. Ils ont cherché un autre chauffeur, avec un peu plus d'expérience. En effet j'étais débutant : je ne savais pas qu'il fallait freiner par petits coups quand la route est mouillée. Cela m'a servi de leçon, car depuis je n'ai plus jamais eu d'accident.

Nous étions donc en mai 1968. Travailler était difficile ; se déplacer devenait un vrai combat. Il fallait se débrouiller et faire jouer la solidarité. Je maudissais Cohn-Bendit. Je me disais, « Voilà qu'on sort de la guerre et que c'est un jeune allemand qui vient nous faire chier ! ». Pourquoi la police ne l'a pas mis en tôle?
Ce fut également les accords de Grenelle pour que les patrons augmentent les salariés de 10 %. Mon patron ne m'a jamais augmenté. Il pensait que j'étais un étranger et que je ne pouvais pas être au courant des Lois. Mais avec moi, il y avait une secrétaire, la cousine du patron. Elle était très gentille et me mettait toujours en garde. C'est elle qui m'a

dit que je devais récupérer 10% sur ma paye. Mais je m'en foutais, je ne disais rien au patron, ce que je gagnais me suffisait. Je me souviens il fallait monter sur des tas de pavés pour pouvoir passer, les gens courraient dans tous les sens quand les CRS arrivaient vers eux. Je vois encore des barricades rue du Pas de la Mule, au niveau de la rue des Tournelles, les flammes montaient à trois mètres de haut. Un jeune a lancé un « Cocktail Molotov » vers un magasin et j'ai réussi à l'attraper avant qu'il ne tombe par terre et qu'il explose. La Bastille était pleine de monde, comme toutes les places de Paris d'ailleurs, surtout la place de la République. Combien de fois je suis resté à la gare Montparnasse sans pouvoir prendre le train. Une fois, je suis entré dans un train vers 20 h 30. Je demande s'il allait à Rambouillet on me répond « oui, oui. » Je n'ai pas eu le temps de m'asseoir que le sommeil m'a terrassé tellement j'étais fatigué. J'ai ouvert les yeux, regardé ma montre il était 22 h 30 et j'étais toujours à la gare Montparnasse. Je me suis mis debout au bord du train, un employé passait par là. Je lui ai dit :

- S'il vous plaît, ce train, il n'arrive jamais à Rambouillet ?

Il m'a regardé avec un sourire un peu moqueur et m'a dit :

- Monsieur, ça c'est une navette Paris-Versailles, il faut descendre !

J'ai passé la nuit dans un train arrêté. Le lendemain, j'étais très fatigué. Pourtant il fallait aller travailler. Près de la gare, il y avait une fontaine. J'ai pu me mouiller les mains et me rincer le visage, je me suis coiffé avec les doigts. Merci les syndicalistes qui font grève, au lieu d'avancer dans notre société, ils reculent sans se rendre compte, car d'après moi ce n'est pas la hausse des salaires qui fait s'enrichir les salariés, mais bien le contraire. Chaque fois qu'ils demandent une hausse de 10 % au patron, c'est toutes les classes ouvrières qui trinquent, les hausses sur tous les articles. Exemple : en gagnant cinquante euros par mois, je paye huit euros de loyer c'est-à-dire un sixième de mon salaire. Aujourd'hui, on paye plus que la moitié de son salaire, moralité la grève ça ne sert à rien…

On s'approche de l'année 1970. Mon patron commence à m'humilier, car il voulait que je quitte l'entreprise de mon plein gré pour éviter de me donner des indemnités d'ancienneté depuis dix ans.

Mais la secrétaire était là pour me dire qu'il voulait fermer l'entreprise pour s'installer définitivement dans un grand magasin de détail à Saint-Germain-des-Prés, pas loin du quai aux Fleurs. Alors, un jour, je demande au patron de bien vouloir m'accorder dix minutes d'audience pour lui parler. Il est d'accord, mais en dehors des heures de travail, car avec lui il ne fallait pas perdre 5 min. À 17 h, il s'approche :

- Joseph, je t'écoute.

- Bien, Monsieur. Vous êtes en train de m'humilier pour que je démissionne. Pour vous dire la vérité, Monsieur, il faut m'envoyer une lettre de licenciement, car je sais que vous voulez fermer la maison.

Surpris il a voulu savoir comment j'étais au courant. Je lui ai répondu :

- Cela ne vous regarde pas, je vous demande simplement de m'accorder les indemnités et le rappel de 10% prévus par les accords de Grenelle de mai 1968. Merci.

Son visage s'est décomposé, ses lèvres se sont mises à trembler. Il ne comprenait pas qu'un étranger puisse être au courant des lois et de son secret. Il n'a pas trop insisté. Il a dit à la secrétaire :

- Prépare la fiche de paye de Joseph avec toutes les indemnités et son solde de tout compte.

J'ai signé, j'ai pris ma paye, je lui ai serré quand même la main et je suis parti. Je n'ai même pas été m'inscrire au chômage, car un autre patron en face du mien avait louché sur moi depuis longtemps. Il me voyait souvent en face, habillé comme un chirurgien, blouse blanche et col officier et de plus dans la rue de Turenne j'avais une grande réputation. Tout le monde savait que j'avais créé la ligne près du corps et dont j'avais enrichi mon patron. Donc, tout le monde me voulait et pour finir j'ai dit oui à Monsieur Etlinger qui m'avait donné rendez-vous au « Dôme ». Pendant l'entretien avec mon nouveau patron, je lui ai indiqué mes conditions :

- Premièrement je vais ouvrir un magasin à mon compte ! Deuxièmement, je veux que vous m'embauchiez comme modéliste et VRP multicartes, voyageur représentant placier. »

- D'accord ! me dit-il, tout ce que vous voulez.

Et le lendemain je me suis présenté au bureau. Il avait une secrétaire nommée Dominique une très belle femme à qui j'ai donné mon numéro. Je suis resté indifférent. Elle était très en colère et une fois partie, s'adressant au patron elle lui a dit :

- Mais qui c'est- ce petit mal élevé ? Et vous voulez l'embaucher ici .

Le patron lui a répondu :

- Soyez gentille, vous aller le laisser tranquille il va sûrement développer mon entreprise, alors calmez-vous !

Deux jours après, je suis allé à la chambre des représentants, boulevard Bonne nouvelle pour avoir une carte de V.R.P. multicartes. J'avais acheté également une carte de stationnement. À l'époque elle coûtait cinq cents francs pour toute l'année. Nous sommes en 1970, la plus belle année du vingtième siècle. Les chanteurs s'en donnaient à cœur joie : Michel Fugain, Michel Delpech, Michel Sardou, Polnareff, Dave, Serge Lama, Jo Dassin. Dans ce temps-là, toute la France danse le disco. Les boîtes de nuit à Paris étaient pleines à craquer. On ne dansait plus le slow comme dans les années 1940, collés les uns contre les autres. En 1970, on danse tous séparés et souvent on danse devant le miroir, on se tortille dans tous les sens.

Revenons à moi. Je commence à tourner dans toute la

France comme VR.P., mais pour un débutant, la vente était très difficile. Le premier mois, je gagne cinq cents francs, car je n'avais pas de fixe, donc tous les frais étaient pour moi. En rentrant à Paris, j'ai pris la décision d'ouvrir mon propre magasin. Tout d'abord, je téléphone à Jean Valette le tailleur de mon ex-patron. Je lui donne rendez-vous dans un bar à Saint-Germain-des-Prés. Au milieu de notre conversation, son patron entre et nous voit ensemble. Il reste figé sans dire un mot. Il n'avait pas compris que j'étais en train de débaucher son employé. En effet j'ai proposé à Jean Valette de travailler pour moi comme tailleur, vendeur, retoucheur. Il m'a tout de suite dit oui, car il voulait quitter sa femme, il était tombé amoureux d'une fille ex-miss, une femme qu'il n'a jamais quittée.

Près de la place des Vosges, rue du Pas de la Mule il y avait un magasin d'antiquités dont le fond était à vendre. Prix 35.000 francs. J'ai dit oui sans avoir la somme. J'ai fait un emprunt auprès des gens de ma famille. J'ai trouvé deux grands décorateurs qui travaillaient place des Vosges. Ce sont eux qui décoraient tous les magasins à la mode à Saint-Germain-des-Prés ils s'appelaient Angel et Joly. Ils m'ont présenté le devis et le plan en couleur et en image. Je n'en revenais pas. Ce n'était plus un magasin, mais un salon richement décoré c'est-à-dire une entrée avec trois marches en marbre vert, deux grilles en fer forgé avec les pointes dorées. La façade vert foncé en bois avec des contours dorés. Sur le sol de la moquette coloris bordeaux en losange dorés un podium à trois marches avec une balustrade en bois blanc, un salon d'essayage avec une portière style saloon en bois blanc. Les murs tapissés de toile de jute chaudron le plafond peint coloris bordeaux, un bureau en bois laqué blanc avec un fauteuil blanc. Au plafond des lumières avec de grands câbles et des spots partout.

Tout le monde s'arrêtait pour admirer ce bijou de décoration. L'ouverture du magasin nous l'avons faite le 18 mars 1970 en grande pompe. Comme public-relations j'avais invité Jean-Claude Dozene le directeur du théâtre Bobino qui lui, avait fait venir plusieurs comédiens. Moi j'avais invité, pour faire un numéro, Philippe Duval grand automate : on l'appelait l'homme à la rose. L'apéritif a été offert par Ricard et le champagne rosé venait du Château de Rothschild. La fête a duré deux jours avec défilé de mode de manteaux de fourrure pour homme. Pour la cérémonie j'avais créé pour moi un costume en alpaga noir modèle chemise col démontable, large ceinture à la taille que l'on pouvait transformer en costume modèle Mao. Les costumes m'avaient été donnés à condition par mon patron. J'avais fait faire les cravates sur mesure. Les chemises avaient été commandées chez un grand chemisier nœud papillon tout en soie. En ce qui concerne le nom du magasin : c'était Mazarin. Pourquoi ce nom, c'est un philosophe qui m'en a donné l'idée. Je connaissais Alain Jaillard qui venait d'ouvrir un club privé Le Roy Lyre, rue Trudaine dans le 9e arrondissement. C'était un club très privé avec carte d'adhérent C'est là que venaient des dessinateurs humoristiques et de grands comédiens comme Dary Cool, Francis Blanche, etc… On y allait avec Jean qui me servait de secrétaire. Je parlais et lui prenait des notes. Parfois on rentrait à la maison vers cinq heures du matin au moment où les éboueurs commençaient la journée.

Le matin il fallait ouvrir la boutique à 9 h. Jean habitait en dehors de Paris et moi à Levallois-Perret où je venais d'acheter un studio. Maryse et moi quittions Rambouillet pour habiter dans un tout petit studio en rez-de-chaussée. On n'ouvrait jamais la fenêtre. Celle-ci donnait sur la rue Danton à 50 cm du sol. Elle était toujours fermée, car on partait le matin et on revenait très tard. Un soir, en rentrant on a même trouvé les scellés sur la porte. À l'époque, le maire de la ville était communiste et dès qu'il voyait une fenêtre fermée, il réquisitionnait. On a arraché les scellés et nous sommes rentrés. Le lendemain, la mairie nous a présenté ses excuses.

J'avais tout de même une vie un peu folle. Le matin je travaillais chez Mazarin (Jean s'arrangeait pour regrouper les rendez-vous avec les clients) et l'après-midi, je me rendais chez mon patron pour faire le V.R.P. Le soir, il fallait aller dans les boîtes de nuit pour me faire connaître. À partir de 1971, je commence à vouloir changer la société des hommes et les mettre en parallèle avec les couleurs des femmes. Il fallait sortir des couleurs tristes comme le gris anthracite, le marron, le bleu et le noir. Je commence par Pierre-Jean Vaillard, grand chansonnier du Théâtre des deux Ânes. Je lui fais une veste en velours toute en fleurs. Je mettais en vitrine des vestes avec des motifs de palmier, des vestes en velours noir, col châle très large jusqu'en bas. Les revers et les bas du pantalon peints par un artiste peintre. J'inventais également le costume à fleurs, vert jaune bleu pâle, des vestes avec des touches de piano et aussi des vestes à profil de visage. J'embauche un des plus grands dessinateurs d'Europe, Nils un Norvégien qui mesurait près de 1.90 m et qui par la suite est devenu un grand copain. Il était homosexuel et s'est marié en secret avec l'un de mes autres copains. J'étais leur témoin.

En 1972, on faisait des costumes sur mesure pour le prix de 350 à 550 francs. Au début ma boutique ne marchait pas fort, car je voulais faire un peu de prêt-à-porter, mais le Mazarin était trop près de la rue de Turenne, le centre commercial du costume en gros. Avec Jean Valette, mon tailleur et secrétaire on s'entendait bien. Tous les vêtements que je prenais en commande étaient coupés par mes soins, les essayages aussi. Par contre, les vêtements étaient fabriqués à domicile. Un ouvrier faisait les pantalons, un autre les gilets et le meilleur que j'ai connu a été Jean Meriemkouli « Janot ». C'était lui qui réalisait toutes mes folies de créateur. Il était payé à la pièce : il travaillait tellement vite qu'il pouvait faire deux vestes dans la journée, soit un salaire de 1.000 francs par jour ce qui, à l'époque, était énorme. Mais il commençait à cinq heures du matin et terminait à 22/23 h du soir. Ce n'était pas moi qui l'obligeais à travailler à la pièce, mais il était tellement rapide qu'il ne voulait pas travailler au mois. Aujourd'hui, il possède un appartement à Nice sur la promenade des Anglais, alors que lorsque je l'ai connu il travaillait avec son frère à Ménilmontant dans une pièce de 8 m2. La décoration de ma boutique sélectionne déjà ma clientèle : profession libérale, avocats, médecins, intellectuels et plus tard j'ai habillé des centaines d'acteurs, d'actrices et de comédiens. Tout cela grâce aux costumiers et costumières.

Il faut dire aussi qu'un flash est passé dans ma tête : changer les deux vitrines et passer du classique au 19e siècle. Ce flash à changé mon existence. En effet, Catherine Leterrier a été la première à pousser la porte. Elle m'a demandé si je pouvais réaliser des redingotes du début du siècle. Elle m'en a passé commande de deux, puis m'a demandé si je voulais travailler avec une maison de location. « Aucun problème ! » lui ai-je répondu. Elle m'a donné l'adresse. Il s'agissait de Madame de Segonzac : « Les costumes de Paris » rue Victor Massé qui m'a commandé plusieurs redingotes noires. Après j'ai travaillé avec Tranueze encore location de costumes, avec Maratier location de costumes militaires pour le cinéma. Je faisais tout ça évidemment toujours en travaillant chez Monsieur Etlinger mon patron comme modéliste et V.R.P. J'étais partout. J'ai eu encore une autre idée : faire une publicité sur un magazine le « Incognito ». C'était un journal distribué dans toutes les boites de nuit d'homosexuels du monde entier. Je me souviens encore du texte :

Un vent du nord
Souffle ce matin
Venant des Vosges
Vers le Mazarin.

Pantalon très ajusté coupé par Jean avec une gravure de la naissance de la place des Vosges sous Henry IV. À partir de ce moment-là, des centaines d'homos vinrent chez moi pour avoir le pantalon très sexy que j'avais créé pour homme, taille très basse, genou très serré et bas de pantalon évasé (Patte d'éléphant). Le premier client a été Michel Roux patron de la Mendigote, boîte de nuit de l'Hôtel de Ville de Paris. À l'époque le centre des homos était la rue Sainte-Anne dans le 2e arrondissement et surtout la boite nommée le « 7 » à côté il y avait « Le Bronxs » et en face le « Sedelphe ». Le patron s'appelait Alain c'est dans cette boîte de nuit qu'on allait avec Jean. Alain était un client. Il avait commandé un costume blanc qu'il n'était pas venu chercher. Un soir, j'ai pris le costume dans un sac de coton coupé spécialement pour Mazarin avec de chaque côté du sac la représentation de la Place des Vosges. En arrivant au bar, j'ai vu quatre filles qui travaillaient au bouchon (cela signifiait que les filles devaient pousser les clients à boire du champagne). Je demande à parler à Alain. La fille me

regarde dans les yeux en me disant que Monsieur Alain a été assassiné, qu'on l'avait trouvé chez lui avec un bâton de policier dans les fesses. Cela m'a vraiment bouleversé, car il était très jeune et très gentil.
C'est au « N°7 » que je voyais souvent Thierry le Luron. Pas mal de clients venaient chez moi pour me demander des pantalons très très serrés au bassin et le montant du pantalon très bas c'est-à-dire dix centimètres pour que le sexe dépasse du pantalon quand ils dansaient dans les boîtes. Ils ne portaient pas de slip. C'étaient le plus souvent des pantalons en alpaga avec des petits poils dans le tissu qui leur touchaient la peau, ce qui les excitait. À la même époque, il y avait un restaurant marocain rue des Francs-Bourgeois. Le patron était un homme très grand et très gentil. Il m'a demandé si je pouvais faire un costume en cinq jours, car il devait partir. Je lui ai dit qu'il n'y avait aucun problème. Je termine le travail et lui non plus ne venait pas chercher son costume. Alors, à nouveau, c'est moi qui suis allé au restaurant. Mais en arrivant personne ne pouvait entrer. Je demande à un agent ce qui se passe, mais il ne voulait rien me dire. Je lui explique que j'avais rendez-vous avec le patron pour lui livrer un costume. L'agent me dit :

- Monsieur, le patron que vous cherchez il est par terre, assassiné.

Décidément, on assassinait tous mes clients. Je me suis dit :

- À partir de maintenant je demande des acomptes.

Un jour un client entre au Mazarin et commande quatre costumes il me dit :

- Je vais chercher l'argent dans la voiture et je reviens.

Avec Jean mon tailleur on a regardé par la vitrine. Il a ouvert le coffre et là, surprise, il était plein de billets de cinq-cents francs. Il rentre avec une liasse. Il a payé les quatre costumes et a dit :

- Faites les retouches et dans deux ou trois jours, je passe les chercher.

Je ne l'ai jamais revu et j'ai gardé les quatre costumes.

En attendant, j'étais un homme très chic toujours souriant, aimable avec tout le monde comme ma mère me l'avait enseigné. Avec les clients qui entraient dans la boutique je faisais souvent une connaissance plus approfondie et certains sont devenus des amis comme Florentin l'un des plus fidèles. Il imitait Charlie Chaplin, car il était mime de formation. Chaque fois qu'il jouait le Kid, je pleurais comme un enfant. J'ai fait également la connaissance de Pierre, Comte d'Alençon avec son valet Dominique qui le suivait partout. Il y avait aussi Pierre Charles un public-relations, la princesse Christine une grande amie à moi.

Nous étions tout un groupe de copains et notre carnet d'adresses était plein. On faisait partie du « Tout Paris. » Chaque fois qu'il y avait une ouverture d'un hôtel-restaurant ou un gala, on était toujours présents pour lancer l'entreprise. Au même moment le Comte d'Alençon m'a présenté, Madame de Fontenay une femme extraordinaire toujours souriante et avec Pierre Le Comte on faisait partie du jury des miss France ou des miss départements. Madame de Fontenay travaillait tout le temps, elle ne restait jamais les mains croisées. Elle repassait au fer tous les vêtements. Aucune fille ne montait sur le podium si elle avait un faux pli : une maniaque de l'élégance. Il y avait aussi son fils Xavier qui lui donnait un coup de main.

Une fois nous étions en Normandie pour l'élection de Miss Bordeaux et Miss Guadeloupe, lorsqu'un fou furieux est monté sur le podium en hurlant à Madame de Fontenay :

- C'est cette fille qu'il faut élire. C'est elle !

Madame de Fontenay a essayé de le faire sortir, mais il insistait. On a été obligés d'attendre qu'il se calme, car la jeune fille était laide avec plein de boutons sur le visage, cachés par du fond de teint. À la fin de la soirée, je suis rentré sur Paris. Miss Bordeaux et miss Guadeloupe m'ont vu en Porsche, et elles ont dit :

- On vient avec vous à Paris.

Mais les filles étaient habillées en tenue légère et sur l'autoroute A13, à mi-chemin, mon chauffage s'arrête. Les filles commencent à grelotter. Je ne pouvais pas faire grand-chose. Les deux Miss se sont serrées l'une contre l'autre pour se réchauffer. Une fois arrivées à Paris elles ont dit :

- Vite, vite ! une boite de nuit pour danser et se réchauffer.

En 1998 j'ai assisté à l'élection de miss Paris au restaurant l'Orée du Bois. Dans le jury il y avait Yves Mourousi, le chanteur Bernard Lavilliers, Xavier de Fontenay, le Comte d'Alençon, Dominique et moi. Ç'est Natalie Marqué qui a remis l'écharpe à Miss Paris. À l'époque, Pierre un des Frères Blanc de la brasserie boulevard des Capucines nous a invités à manger des langoustes et des homards à volonté. Il y avait Madame de Fontenay avec nous et Nathalie Marquay dont je garde toujours chez moi la photo qu'elle a dédicacée : la dédicace représente un lapin.

Nous sommes vers 1975, toujours VRP à l'époque chez Etlinger, je réussis à obtenir un gros marché. Je gagnais bien ma vie. Peut-être plus que mon patron au point qu'il en devienne jaloux, et qu'il décide d'aller chez mon client pour lui proposer une remise de 5% sur toute la marchandise livrée sans passer par mon intermédiaire. Je lui demande des explications, car il n'avait pas le droit d'agir ainsi. Il me demande de quitter la maison. Je lui dis :

- D'accord, mais avant de vous quitter vous allez me donner des indemnités de clientèle, 10% du chiffre d'affaires de toute l'année.

Il s'est exécuté. Je lui ai serré la main en lui disant au revoir. Quelques jours plus tard, j'ai rencontré Dominique, la secrétaire de Monsieur Etlinger. Après des débuts un peu difficiles, nous avions fait plus ample connaissance et nous nous entendions bien. Nous avons décidé de monter une société de vêtements de gros (costumes et pantalons pour femme). Mais avant de créer la Société, je suis allé voir l'acheteur de la grande surface pour savoir s'il voulait bien travailler de nouveau avec moi et nous avons pris rendez-vous dans un restaurant. Il a accepté, sous réserve que je lui verse un dessous de table de 2,5% sur tout le chiffre d'affaires qu'il nous faisait faire. Je n'ai pas pu lui refuser c'était la seule façon de pouvoir monter la Société et de me venger de mon patron. Car, par la suite, j'ai récupéré toute la clientèle que j'avais auparavant.

Dominique s'occupait de préparer les documents nécessaires à la constitution de la Société, étant moi-même incapable de remplir un papier. En échange, je fournissais l'atelier que j'avais acheté auparavant aux parents de Daniel au N°108 rue Oberkampf. Cet atelier de 35 m2 était situé au premier étage et possédait une belle baie vitrée. Il y avait le stock de tissus, la table de coupe et le bureau de Dominique. Pour y accéder, il fallait passer par un minuscule escalier. On recevait également les représentants de tissu, on préparait tous les colis pour les expédier. Naturellement comme on avait monté cette Société sans un centime, les débuts étaient très difficiles, mais nous ne manquions pas de courage. Évidemment je m'occupais également de ma boutique Mazarin, car il y avait quatre employés à qui il fallait donner du travail. Nous avons nommé notre Société Sergio Grimm. Nous avons distribué cette griffe partout en France. Chez Sergio Grimm je conservais également le statut de VRP. J'étais vraiment débordé de travail, car, chez Mazarin, il fallait aller sur rendez-vous et mon tailleur Jean prenait des rendez-vous à n'importe quelle heure. Il fallait prendre les mesures, faire les essayages, couper et surtout faire toutes les créations pour Mazarin et Sergio Grimm. Le soir il me fallait sortir en boite de nuit jusque vers cinq heures du matin.

J'allais également en Espagne et en Italie, à Prato, pour passer les commandes de tissus, car il fallait des milliers de mètres. Mais bientôt, l'atelier de la rue Oberkampf a été trop petit et au bout d'un an, nous avons trouvé un grand local rue Deguerry dans le 11e Arrondissement. Nous avons embauché un coupeur et un magasinier. La fabrication était faite par deux entrepreneurs : Avedissian pour les vestes et Attaf pour les pantalons. Nous donnions donc du travail à au moins quinze ouvriers. Et puis, un jour, notre entrepreneur de pantalons Attaf nous a proposé de racheter notre Société. Nous l'avons vendu pour un franc symbolique. En échange, il nous embauchait. Il a gardé toute la clientèle, mais moi j'étais toujours payé au pourcentage. La société ne marchait pas comme il voulait et un matin sa femme et ses deux enfants l'ont trouvé mort avec une balle dans la tête. Nous n'avons jamais connu la raison de son geste. Nous voilà partis de nouveau pour racheter la Société. Mais là, on s'est fait avoir, car il fallait embaucher un de ses ouvriers qui était fainéant comme une couleuvre. Il restait assis toute la journée et le bénéfice passait dans sa paye. En ce qui me concerne, je payais les charges sociales, mais je ne prenais pas de salaire, car notre trésorerie n'était pas au beau fixe. En effet l'un de nos principaux clients (une grande surface) demandait une ristourne de 3% pour un paiement comptant, mais nous réglait à soixante ou cent vingt jours par chèque. Sans compter que les catalogues des promos étaient payés par les fournisseurs. Pour finir, nous avons déposé le bilan.

À partir de la fermeture de Sergio Grimm, je me suis totalement investi dans ma boutique Mazarin, et Dominique est partie travailler ailleurs.

CHAPITRE IX
- BOUTIQUE MAZARIN -PLACE DES VOSGES-

Pour moi la représentation était terminée, c'était fini le VRP. À partir de ce jour, ma femme a travaillé comme secrétaire dans une petite boutique de layette. Nous voilà dans la boutique Jean mon tailleur et secrétaire, et moi. Nous formons un couple d'amis extraordinaires. On recevait les clients avec un grand sourire, on blaguait et le client était rassuré. Jean imitait tous les bruits des animaux, car on vendait également des vêtements en fourrure pour homme, et quand les étrangers parlaient en anglais et voulaient savoir le nom de l'animal. Jean imitait alors le cri de la bête, ce qui les mettait en joie. Les clients se bousculaient dans mon magasin. Ils venaient de tous les coins de la France et même de l'étranger, car nous étions spécialisés dans les modèles exclusifs et des costumes pour le cinéma et le théâtre de toutes les époques. De nombreux médias venaient nous interviewer, il faut noter la présence de la B.B.C. sur les costumes que j'avais réalisés sur la Révolution Française. J'ai figuré sur une page entière du Figaro Madame réalisée par l'attaché de presse Françoise Pabanel en compagnie de quatre grandes stars du cinéma : Francis Huster, Andréa Féréol, Bulle Ogier, Nicole Croisille. Je suis passé également sur France Inter l'émission. J'ai été interviewé par Gérard Klein, au cours de sa dernière émission. À la suite de cette émission, j'ai habillé Gérard pour son premier film « La passante du Sans-Souci ». C'était extraordinaire de l'habiller. Il était très souriant. Nous avons même fait un échange : je lui ai donné une boite en bois de la croix rouge de la guerre de 14/18 et lui m'a donné une boite pour aller à la pêche que je possède toujours.

Je commence à intervenir pratiquement dans tous les films de 1970 à 2000. J'étais connu par toutes les costumières et je tiens à les remercier et à leur rendre un hommage. Merci également à : Catherine Leterrier, Olga Pelletier, Cavalca, Dominique Barge, Pascale Bordet. Je tiens également à remercier André Levasseur un des plus grands décorateurs de théâtre selon moi. J'ai d'ailleurs travaillé avec lui pour « La cage aux Folles » qui se jouait au théâtre Mogador.

Je tiens surtout à citer le film qui m'a le plus bouleversé. C'était « Édith et Marcel » avec Patrick Dewaere pour lequel j'avais réalisé tous les costumes et surtout un manteau beige croisé 1940 qu'il aimait tellement et qu'il voulait garder pour lui à la fin du tournage. Mais son destin en a décidé autrement. Je me souviens très bien : le 13 juillet 1982 à 11 h du matin il était sur le seuil de ma boutique rue du Pas de la Mule. Nous avons évoqué notre enfance, et avons parlé de notre timidité envers les filles. Puis il m'a confié :

- Tu sais, en ce moment je suis toujours amoureux d'une fille.

Il m'a dit son nom. C'est une grande comédienne, c'est tout. Nous nous sommes serré la main. Je lui ai dit :

- Bon tournage et surtout une bonne boxe !

Les costumes lui allaient à merveille. Il s'est retourné et m'a lancé un regard un peu sévère :

- Tes costumes sont magnifiques, mais… mais… mais…

Il m'a dit trois fois « mais » et je ne l'ai jamais revu.

Je pouvais téléphoner à Claude Lelouch, mais pour lui dire quoi ? Que Patrick m'a dit trois fois « Mais ». C'est après sa mort que j'ai compris ce que les trois, mais voulaient dire : « Mais je ne les porterai jamais ». C'était la première fois que je pleurais pour un client et puis j'ai rectifié tous les costumes pour le fils de Marcel Cerdan qui l'a remplacé.

Dans ce film, j'ai fait également un tailleur des années

quarante pour Évelyne Bouix et puisque j'y suis, je vais vous raconter quelques anecdotes.

Une anecdote sur Jean Marais, il venait souvent dans ma boutique. Un jour il s'assoit à côté de moi, il s'asseyait toujours par terre, car il y avait trois marches avec un podium cela évoquait une scène de théâtre, et il me demande combien je prends pour coudre trois boutons de chemise. Je le regarde et lui dit :

- Mais rien !

Et il éclate alors en disant :

- Oh la garce ! La couturière m'a demandé trente-cinq francs pour me coudre trois boutons.

Une autre fois je suis allé au théâtre de la Madeleine afin de lui prendre ses mesures pour lui faire un manteau. J'arrive devant sa loge, et là je le vois pâlir :

- Qu'il y a-t-il Monsieur Jean ?

- Le costume que vous portez… j'avais exactement le même pendant la dernière guerre et quand les Allemands nous on tiré une rafale de mitraillette, un de mes camarades est tombé devant moi. C'était un tissu en tweed à fond bleu avec des points jaune rouge gris et blancs, comme le vôtre. »

Nous avons bavardé un peu et il m'a dédicacé son livre « les Contes de Jean Marais » pour ma fille Florence.

Le lendemain, j'ai commencé à préparer mon premier défilé de mode hommes et femmes. Les vêtements pour femmes étaient créés par Claude Abate une fille que j'ai fait venir de Cannes. Elle travaillait à merveille et je lui ai ouvert chez moi un petit salon. Nous étions plusieurs à participer aux défilés, pour la fourrure, chez Jacques Vodez, les modèles par Mazarin et les femmes par Claude.

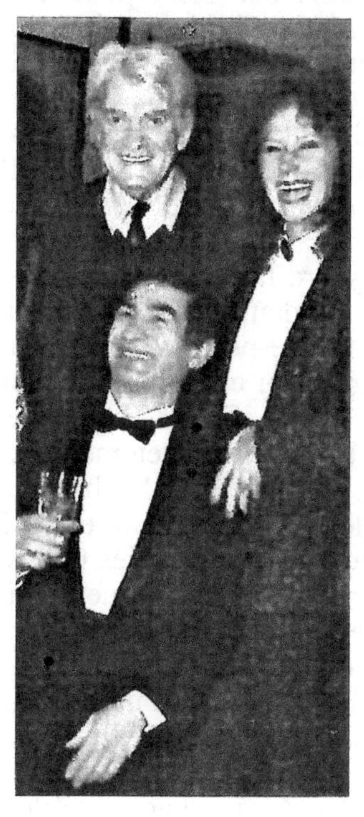

Jean MARAIS et Joseph FRAGOMENI

Parmi les mannequins, figurait en bonne place Nils Christian, mon dessinateur, un Norvégien qui avait fait ses preuves dans plusieurs grandes maisons de couture. Il avait même été professeur de dessin de mode chez Esmod. D'autres mannequins défilaient pour moi : Kaite Saulven, une grande blonde Norvégienne, ainsi qu'une grande amie Biserka Gall, yougoslave, artiste peintre. Elle vivait avec son frère Skrecko et son compagnon Kémal, deux grands artistes peintre. Sksecko, lui, était dessinateur humoristique pour un journal. Biserka était une fille extraordinaire, toujours en mouvement, toujours en train de blaguer et puis, elle était très belle : un corps de déesse. Pas comme les mannequins d'aujourd'hui dont les jambes sont des aiguilles à tricoter, la poitrine deux œufs sur le plat, taille 34, tout ce qui présente le ridicule pour la mode. Car de nos jours, ce n'est pas le vêtement qu'elle présente, mais un déguisement médiatique. Dans mes défilés de mode, femme ou l'homme il fallait mettre en valeur les vêtements, que les filles aient un grand sourire, la poitrine et les hanches à faire rêver les garçons. La taille des filles était entre 38 et 40, surtout quand je les faisais défiler avec des tailles des années 1950. Jupe très moulée au bassin, longueur mi-mollet veste très cintrée à la taille, légèrement évasée sur le bassin, un joli chapeau et une démarche droite avec la tête une fois à droite, une fois à gauche. Surtout les mannequins devaient adresser de grands sourires au public.

Revenons à Biserka. Avant chaque défilé on allait chez elle pour parler d'art. Biserka était une fille très accueillante comme tous les gens de l'Est et puis sa peinture plaisait énormément, d'ailleurs, je lui ai acheté pas mal de tableaux. Chez Biserk il y avait un grand salon qui donnait sur le vieux Paris. Le soir, c'était splendide. Nous étions plusieurs copains tous assis par terre autour du salon sur des coussins. Biserka nous préparait un café à la turque avec des petits gâteaux et un soir, Salvador Dali et sa belle moustache nous a honoré de sa présence. Le lendemain, j'ai réuni tout le monde pour préparer le défilé de mode pour le soir, qui se déroulait au Navy Club, Boulevard de l'Hôpital Paris 13e, car, à l'époque on ne payait pas les salles, on allait dans des clubs. Tout le monde s'y retrouvait, souvent le client restait pour consommer ou manger. Le Navy Club était plein à craquer. Les invités étaient mes plus grands clients. Parmi eux il y avait Bénatov un client qui avait une grande fonderie à Chevreuse, et qui, je crois, descendait des Roumanoff de Russie. La présentatrice était une journaliste de Norvège, une grande amie de Nils, mon mannequin. Le défilé s'est terminé sous un tonnerre d'applaudissements, car il y avait des modèles pour homme vraiment nouveaux comme, par exemple, un manteau tout en velours vert, un bouton à la taille modèle droit en bas et croisé en haut, très cintré à la taille et évasé en bas, longueur jusqu'au sol avec col et revers très large et tout brodé. Sur une fille, il y avait une cape toute en paillettes en noir et blanc avec un grand col Danton, longueur jusqu'à la taille.

Et j'ai continué mes défilés de mode. Le deuxième à St-Germain-des-Prés. J'en ai fait un autre en Belgique dans un château. Pour ces défilés j'étais fidèle à la même équipe. Le soir de la présentation, je décide de faire défiler Nils habillé en femme, pour lui faire plaisir. Il mesurait 1.90 m, marchait comme une femme, et je lui avais mis des boules de coton pour lui faire de la poitrine. Tout allait à merveille, tous les mannequins ont bien fait leur boulot. J'avais gardé Nils pour le final. Je restais en coulisse pour lui donner un coup de pouce derrière le dos et voilà Nils qui avance avec la classe d'un grand mannequin, quand soudain en descendant la dernière marche, il trébuche et tombe au sol, la poitrine en avant. Le soutien-gorge cède, les boules de coton roulent sur le podium et le caniche d'une femme se précipite pour jouer avec. Le pauvre Nils ne savait plus où se mettre, mais il a été quand même encouragé par les applaudissements du public. Après le défilé, on a fait une bonne promenade dans le parc, suivi d'un dîner et après tout le monde au lit. On couchait tous dans le même salon au premier étage. Il y avait même des lits pliants. Tout le monde se rhabillait dans des petites pièces de côté. La cliente habillée de tissu léger, une chemisette courte à mi-cuisse et transparente a trouvé le moyen d'aller fermer la fenêtre ce qui en montant les bras, nous a offert un spectacle indescriptible. Évidemment elle ne portait pas de culotte. Après l'extinction des lumières, le photographe s'est déplacé pour aller la rejoindre et dans le silence de la nuit on entendait quelques gifles crépiter. Nils qui ne dormait pas criait :

- Viens, viens dormir avec moi tu ne risques rien, je suis homo.

Quand la fille va pour se mettre près de lui, le lit se plie en deux, car c'était un lit pliant. Cela a fait un tel boucan que je me suis levé pour allumer et là : spectacle inoubliable.

Je continue avec mes défilés. Nous avons organisé à Oslo en Norvège au Grand Hôtel un hommage à la Croix Rouge Française. Nous avons fait deux soirées de défilés devant la reine Sonia de Norvège qui a bien voulu nous inviter à sa table pour nous féliciter. J'ai été invité à dormir chez une habitante d'Oslo. En arrivant, elle m'a proposé son lit. Bien entendu, je n'ai pas refusé. Une fois dans le lit, elle s'est couchée à côté de moi. Évidemment, je voulais m'approcher d'elle, mais là, pas question ! J'étais son invité et il fallait en rester là, car c'était la coutume. Je n'ai pas dormi de la nuit. Le matin, je me suis habillé comme un dandy un peu style Brummel. Redingote en serge noire, très cintrée à la taille, longueur jusqu'au genou, évasée du bas en godet, grand col châle et revers en velours noir, manche un peu gigot. Le col de la chemise blanche entouré d'un foulard de soie noire et fermé avec une bague bijou brillant, pantalon noir étroit du bas et je suis allé directement à l'hôtel pour le déjeuner. C'est là que pour la première fois de ma vie j'ai mangé un steak de baleine. Cela avait un goût de viande de cheval. Les mannequins et moi nous sommes allés visiter la maison du Viking. On a fait un grand magasin pour acheter du saumon et nous avons pris l'avion pour Paris en gardant une belle photo de la reine Sonia pour couronner cet inoubliable défilé.

Quelque temps plus tard, l'Italie du Sud m'a invité pour participer à un concours de défilés international des maîtres tailleurs. C'était un défilé au bord de la mer devant quelques milliers de spectateurs. C'est là que j'ai remporté la coupe comme premier créateur international. Le modèle que j'ai créé était un smoking blanc en fine gabardine. La moitié du buste du devant, à partir de la taille vers le haut, était tout brodé en strass blanc et à la place des manches, j'avais monté une cape de chaque côté des bras. Quand le mannequin est monté sur le podium, il a soulevé un tonnerre d'applaudissements. J'ai fait cadeau de ce smoking à un journaliste français Philippe de Bracan , qui en échange, m'a fait pas mal d'articles sur le journal « Paris Nuit ».

En arrivant à Paris, une surprise m'attendait. J'avais une copine qui organisait des soirées un peu spéciales dans tout Paris. Nous sommes dans les années 1970. Le changement de couple était interdit. Un soir, on m'a invité dans la vallée de Chevreuse pour assister à une soirée. En arrivant, on devait pousser la porte qui avait la forme d'un rocher. En entrant, on était reçu par deux filles habillées en robe blanche très longues ; à l'endroit du sexe un triangle de la robe manquait. C'était fait exprès pour que les attributs des filles dépassent de la robe. Un grand buffet campagnard était placé en cercle avec des chaises dont le dossier était tout en ivoire. Après avoir bien mangé Jean, mon tailleur et secrétaire m'a dit :

« On descend au sous-sol. »

Et la surprise ! Des matelas partout sur le sol. Deux musiciens jouaient de la musique classique, et une fille était attachée à un poteau. Cette fille qui était cliente chez moi m'a fait un grand sourire en me voyant. En face d'elle un garçon se dressait, nu, avec un fouet à la main. Il portait une casquette et des bracelets ainsi que des bottes en cuir noir. Cela me faisait drôle de le voir, car il avait un tout petit sexe d'à peine quatre centimètres. Au-dessus de leur tête, une piscine suspendue avec deux ou trois filles qui se baignaient toutes nues. Au milieu de tout ce beau monde, il y avait quelques comédiens de théâtre avec leur femme. En les voyant, j'ai été un peu gêné, car ils faisaient partie de ma clientèle. Alors, discrètement, je suis parti.

La semaine suivante j'ai été invité dans un appartement boulevard Bineau à Neuilly. J'étais accompagné de deux garçons. L'un était un copain et l'autre un acheteur d'une grande surface. Je l'emmenais, car il n'avait jamais vu ce genre de soirée spéciale. En entrant, il y avait un petit buffet où l'on pouvait grignoter, ensuite deux petits salons avec cinq à six filles entièrement nues, mais avec des bottes. Hélas, l'acheteur n'était pas beau et les filles ne voulaient pas de lui. Un garçon a eu l'idée de bander les yeux des filles et de les partager dans les deux salons. Moi j'étais là uniquement pour servir à boire. Mon copain était un peu grand, mais, de tête, il n'était pas mal. Le voilà parti avec une fille et quand il a commencé à entrer en action, il n'a pas arrêté de faire le bruit du cochon. Personne ne pouvait se concentrer, car il grognait de plus en plus fort. Les filles riaient, mais les garçons en pétard hurlaient :

- Mais ferme ta gueule, arrête de faire le cochon !

J'ai entendu :

- Joseph, Joseph fait quelque chose ! Que ton copain ferme sa gueule !

Moi, j'étais avec mon verre à la main et plié en deux de rire par les cris de mon copain. À partir de cette soirée, pour faire plaisir à mon acheteur, j'ai loué une garçonnière au sixième étage dans un appartement derrière l'église Saint-Augustin. C'était une chambre toute équipée. J'ai gardé cette chambre un bout de temps et j'ai loué une autre garçonnière dans un immeuble derrière les dépôts de vins Nicolas. Aujourd'hui, on a construit le Ministère des Finances à l'endroit de ma chambre.

Je passais mes soirées à circuler dans des endroits très à la mode comme les Bains-Douches ou le Palace, rue Montmartre. Le matin, retour à la boutique pour reprendre les habitudes. À 9h30, le petit café à Ma Bourgogne, le tour de la place des Vosges et à dix heures, direction le Mazarin : en effet les rendez-vous avec les comédiens n'étaient jamais avant onze heures.

Souvent, plusieurs stars se rencontraient par hasard dans ma modeste boutique. On l'appelait « le nombril du monde ». Pas mal d'étrangers rentraient en croyant que c'était un musée. Pour le bicentenaire de la Révolution Française de 1989, le chanteur Renaud est entré dans ma boutique.

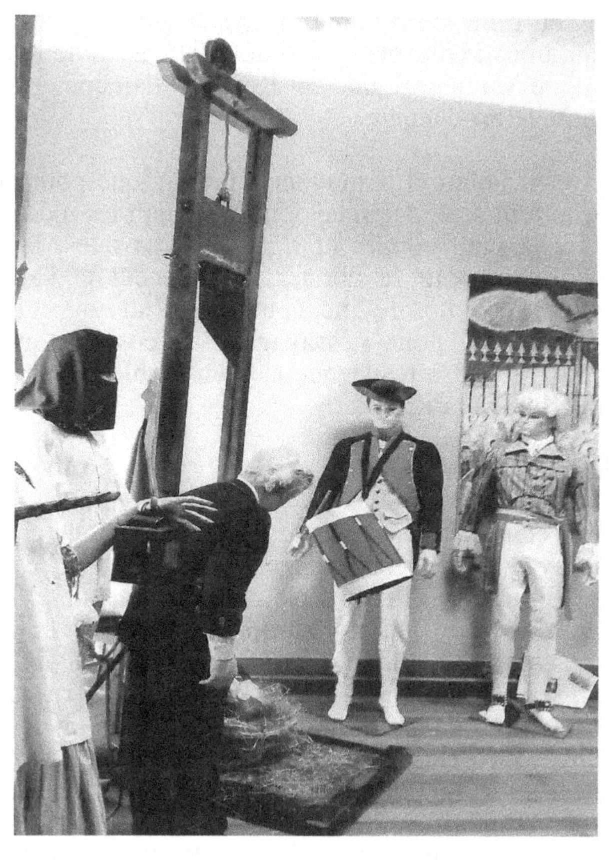

La Révolution française, guillotine Musée MAZARIN.

Il m'a demandé de l'habiller en révolutionnaire « un sans-culotte » pour chanter à la Bastille le soir du 14 juillet. Je l'ai habillé d'un gilet, d'une chemise blanche manches bouffantes et col mousquetaire, d'une culotte rayée blanche et rouge et d'un bonnet phrygien. Il était magnifique ! D'ailleurs, nous avons pris plusieurs fois ensemble le café à la terrasse de Ma bourgogne, car Renaud allait ensuite à côté chez Virgin, le producteur.

La journée, il fallait être souvent à la boutique pour ne pas laisser Jean tout seul, car si ce dernier prenait les mesures, je devais être là pour couper et faire les essayages. Il fallait régler le travail pour le donner à l'apiéceur et parfois il fallait aller très vite. Je me souviens d'un jour où Jean Carmet était venu pour l'essayage d'un costume, pour le film « Papy fait de la résistance ». L'ensemble n'était même pas coupé. Je lui ai dit :

- Allez prendre un café.

Le sucre n'était même pas fondu que je suis allé le chercher pour l'essayage. Il fut très étonné de la rapidité. C'est dans ce même film que j'ai habillé le comique Jacques Villeret, en Hitler, ainsi que Bernard Lamotte, Christian Clavier. Je passais pas mal de matinées avec Richard, Comte de Saint-Germain. Il travaillait en face de chez moi au 5 rue du Pas de la Mule avec sa mère adoptive qui tenait un magasin d'antiquités. Elle était également la femme de l'architecte qui a construit le tunnel du Mont-Blanc. Il s'entendait bien avec sa mère : elle lui achetait des Ferrari, des Lamborghini, des voitures de luxe parce qu'elle y trouvait son compte. Elle était amoureuse de Richard. Lui me le disait souvent, car je l'habillais et on sortait ensemble. Mais le jour où Richard est tombé amoureux de Dalida, sa mère lui a coupé les vivres. Un jour, Richard et Dalida, se tenant par la main sont entrés dans le magasin et Dalida m'a demandé :

- Vite les toilettes !

- Je lui ai dit :

- Dans la cour, mais attention ce sont des toilettes à la

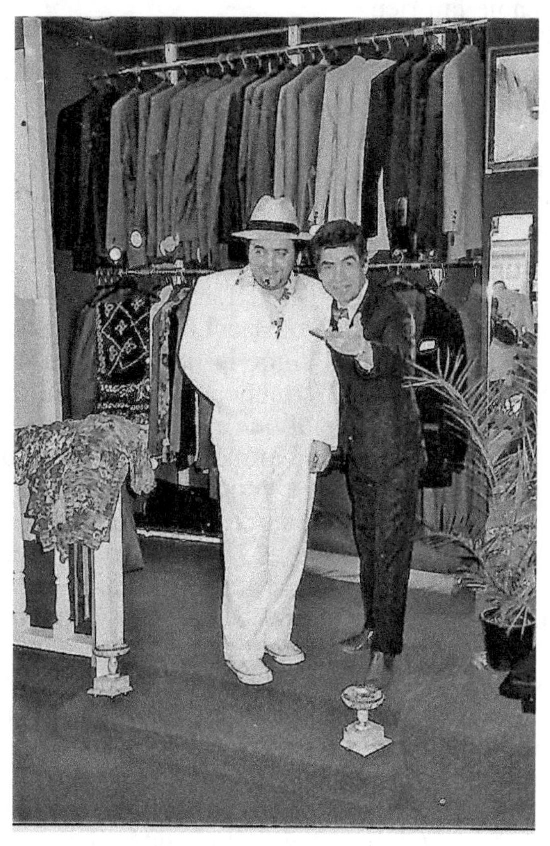

Jacques VILLERET et Joseph FRAGOMENI

turque. »

Elle m'a répondu :

- Mais, ça ne fait rien.

Et puis m'a remercié en italien (Grazie Caro, merci, mon chéri), pour la suite vous connaissez sa fin.

Je voudrais parler un peu de Jean Carmet. C'était un homme formidable. Il venait chez moi au magasin au moins une fois par semaine. On faisait ensemble tous les cafés de la place des Vosges. Il disait à sa famille qu'il allait à Deauville, mais en fait il venait chez moi. La dernière fois qu'il est venu, nous sommes allés chez Bacchus, un magasin de vins à côté de chez moi. Jean a signé le livre d'or du marchand qui en échange nous a offert une bonne bouteille de vin. Nous sommes allés à la boutique pour l'ouvrir et qui était devant la boutique ? Pauline Lafond. Jean Carmet l'a appelé pour qu'elle rentre prendre un verre avec nous. Elle était un peu timide, mais à la fin, elle a accepté et nous avons liquidé la bouteille à quatre : Pauline, Jean Carmet, Jean mon tailleur et moi. Il m'a dédicacé mon livre d'or et je ne l'ai plus revu. C'était une époque d'amis, de copains et j'ai rencontré Amarande, une grande comédienne, d'une amitié sans faille. Il ne se passait pas un jour sans qu'on se téléphone. On fréquentait tous les endroits très chics. Je me souviens un soir d'été au Café de Flore, au mois d'août, nous étions attablés à la terrasse et il faisait tellement froid que nous avons bu un viandox. Je passais également des soirées au King Club rue de l'Échaudé. Il y avait deux étages de restaurant, au sous-sol la discothèque et au dernier étage le piano-bar. À côté une salle avec un billard. Je voyais souvent Pierre Richard jouer. C'était un endroit feutré, petites lumières tamisées rouges, où tous les gens du spectacle se retrouvaient. J'allais avec Amarande au piano-bar, et son plaisir c'était de chanter en s'accompagnant au piano. On partait vers deux heures du matin. Je ne dormais pas plus de quatre heures par nuit. Souvent, le matin, à la boutique je n'avais pas les yeux en face des trous, mais quand on a trente ans on ne fait pas attention à ce genre de détail. Il fallait se montrer partout et surtout se faire aimer et

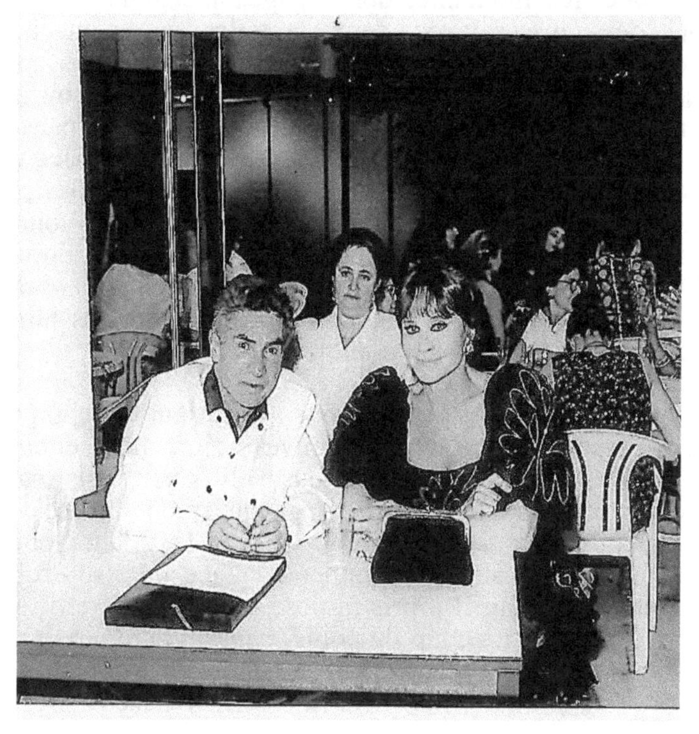

AMARANDE et Joseph FRAGOMENI

aimer les autres : telle était ma devise.
Figurez-vous qu'un matin j'avais rendez-vous à la boutique avec un couple de danseurs de tango Argentin. Il fallait que j'essaye une robe rouge en paillettes pour la femme. C'était une robe très moulante, dos dégagé, une grande fente de côté des cuisses avec deux bretelles qui s'attachaient derrière le cou. Mais j'avais tellement sommeil que lorsque j'ai mis les épingles pour tenir la robe derrière le cou je les ai mises à côté, et avec le poids, la robe est tombée par terre. La cliente s'est retrouvée toute nue en face de la glace et au centre de la boutique. Le mari, beau joueur, n'a pas pu se retenir de rire. Devant la vitrine il y avait trois touristes chinois qui prenaient des photos. J'espère qu'ils n'ont pas photographié ma cliente à ce moment-là. Mon collaborateur Jean Valette, m'a dit en plaisantant, que je devrais faire ça plus souvent. Sans aucun doute !

L'après-midi, j'avais rendez-vous avec Alain Souchon pour un essayage en vue de son nouveau film. Le metteur en scène en était Serge Gainsbourg. Il s'est assis sur la banquette en velours rouge et a signé mon livre d'or en marquant « Avant la bagarre ». Ce jour-là, Alain Souchon s'est arrêté devant une immense glace qui se trouvait derrière le bureau. Il a pris la pose d'un boxeur, et il a fait mine de donner un coup de poing, pensant pouvoir s'arrêter avant de heurter la glace. Mais le coup est parti. Cela a fait un bruit de tonnerre. Fort heureusement la glace ne s'est pas cassée, car il aurait été guillotiné. Son visage était décomposé, la main aussi. Dans la même semaine, Jean Benguigui répétait une pièce de théâtre « Les poissons rouges ». Il fallait qu'il vienne faire un essayage, mais il ne pouvait pas. Je lui ai demandé où il habitait et il m'a répondu :

- Pas loin de Rambouillet.

Je lui ai dit :

- Moi aussi, j'y passe tous mes week-ends. Si vous voulez, on pourrait se rencontrer sur place.

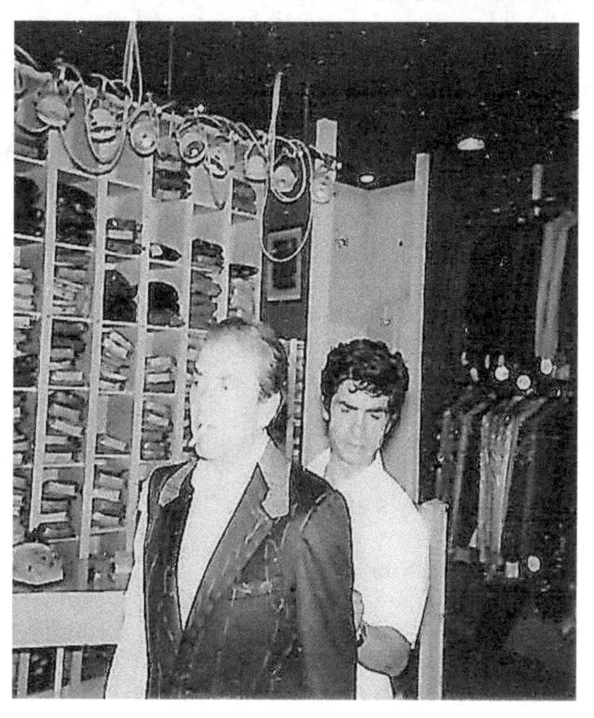

Jean CARMET habillé par Joseph FRAGOMENI

Il m’a donné rendez-vous place Félix Faure. Je l’ai pris en voiture et nous sommes allés faire l’essayage en pleine forêt de Rambouillet. C’était la première fois que je faisais ce genre d’exercice avec un comédien. Nous avons trouvé cela plutôt drôle. Un jour j’ai participé au film « Les Frères Pétard » avec Gérard Lanvin et Jacques Villeret. Je suis allé sur le tournage à Montmartre. Gérard Lanvin, assis sur une moto de la ville, une moto ramasse-crottes. Soudain, je ne sais pas s’il l’a fait exprès, il a mis plein gaz. Jacques Villeret, assis derrière lui, se cramponnait à sa taille et il m’a envoyé une purée de marrons sur la figure et, surtout, sur un costume que je mettais pour la première fois. J’étais recouvert de boue de la tête aux pieds. Je n’ai pas demandé mon reste et je suis rentré aussitôt à la boutique pour me changer. Une heure après je vois arriver Jacques Villeret au magasin avec un sourire au coin de la bouche. Il m’a dit :

- Allons viens on va se taper un coup.

Et nous voilà partis à Ma Bourgogne. Jacques m’a dit :

- Qu’est-ce que tu bois ?

- Je ne sais pas !

- Allez, on va se payer un whisky.

- O.K !

Et me voilà parti 1,2,3,4 verres. J’étais rond comme une queue de pelle et le regardais avec des yeux tous vitreux. Il m’a donné une tape sur les épaules.

- Ça va ?

- Pas du tout, je vais me coucher.

Il me dit :

- D’accord, mais on se retrouve à deux heures du matin ici.

- Bon, c'est OK !

Il m'a demandé mon numéro de téléphone personnel, mais j'étais tellement ivre que je lui ai donné un faux numéro. À deux heures du matin, Jacques Villeret était au rendez-vous à Ma Bourgogne, mais moi, je dormais encore. Je n'y suis pas allé. Il était tellement fâché que je n'ai jamais eu de ses nouvelles. Pourtant, il m'aimait bien, car il venait souvent me voir. Un jour, il m'a demandé de lui faire un costume sur mesure pour au aller au Canada il voulait un modèle exclusif pour lui. Alors, je lui ai fait un smoking noir, un côté droit col châle et l'autre côté croisé revers pointu. Une fois fini, il se regarde dans la glace et m'a dit :

- Mais qu'est-ce que c'est que ça ?

Il rigolait comme d'habitude avec un petit sourire qui ne montrait pas ses dents et les yeux tous brillants. Au retour du Canada il est venu me voir et m'a dit qu'il avait eu un grand succès, mais il a eu un problème en effet il buvait un peu trop et le metteur en scène lui avait dit que s'il continuait à boire comme ça, il ne le ferait pas jouer dans le film.

CHAPITRE X
- MAZARIN HABILLEUR DES STARS-

Je me souviens très bien du premier film auquel j'ai participé c'était « Liftier » avec Michel Lonsdale, et à partir de là, je ne me suis plus arrêté de travailler pour le cinéma et le théâtre. J'ai donné tout ce que j'avais en moi, car j'étais vraiment passionné par ce métier, je l'avais dans la peau depuis mon enfance. Habiller des stars c'est ce qu'il y a de plus passionnant. D'ailleurs, un jour, Eddie Constantine vint chez moi pour se faire habiller. Après l'essayage nous sommes allés boire un verre à la terrasse d'un café place des Vosges et à un moment de la conversation, il m'a dit :

- Je ne comprends pas qu'avec ta gueule tu n'aies pas fait de cinéma ?

C'était gentil de sa part, mais moi je voulais faire de la création de costumes, pas du cinéma.

Le film suivant, c'était « Lumière » avec Jeanne Moreau.
Après le film, elle m'a demandé si je pouvais aller chez elle pour lui faire deux tailleurs des années 1950 ; un blanc et un rouge pour aller en Amérique. Je lui ai dit « aucun problème » et me voilà chez Jeanne Moreau. Par contre, aller chez elle posait un problème de stationnement, car elle habitait derrière l'Élysée, et le quartier était étroitement surveillé par des policiers. Heureusement, j'avais un copain qui, à l'époque, travaillait au Ministère de l'Intérieur. Il a pu me procurer une carte tricolore du ministre. J'ai mis cette carte de stationnement, et quand les policiers sont venus me dire de déguerpir, je leur ai répondu d'un ton sucré :

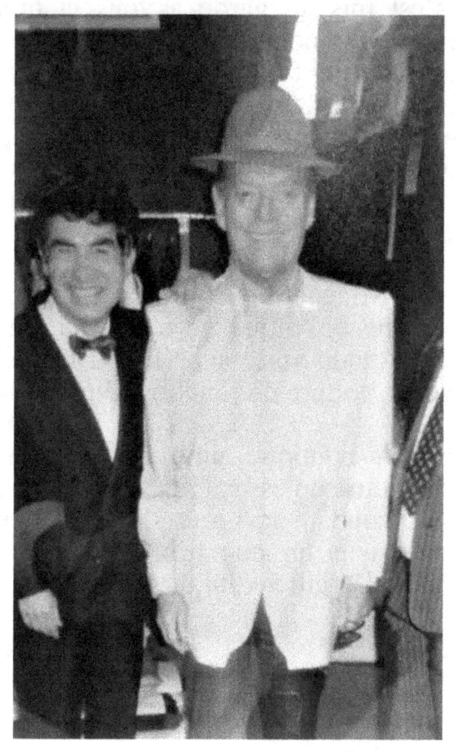

Eddie CONSTANTINE et Joseph FRAGOMENI

- Je fais partie de la maison. S'il vous plaît, surveillez bien ma voiture, je n'en ai que pour vingt minutes.

Le policier s'est mis au garde à vous et m'a dit d'aller tranquillement. C'est comme cela que j'ai pu aller chez Jeanne Moreau pour lui faire l'essayage. Avec la même carte du ministère de l'Intérieur que j'avais laissée sur mon pare-brise, j'ai réussi à couper un cordon de C.R.S. boulevard Beaumarchais sans la moindre inquiétude. Pourtant, ce jour, là j'avais comme passagère une clandestine marocaine, mais je l'ignorais… C'est après que j'ai eu le trac quand la fille a dit la vérité, car je risquais la prison pour cette clandestine et pour la carte du Ministère. Ce jour-là, j'ai encore eu de la chance surtout que la voiture ne ressemblait en rien à une D.S. c'était une Austin verte avec le toit blanc, elle n'avait rien à voir avec la voiture de fonction d'un ministre.

En retournant à la boutique, un client, Monsieur Kouliche m'attendait pour faire un essayage. Nous étions au milieu du magasin, quand soudain la porte s'ouvre ; j'étais en plein travail. Un monsieur un peu bizarre s'approche de mon client. Il lui prend l'oreille et lui dit :

- Tu es beau toi.

Monsieur Kouliche qui était de petite taille, lève les yeux vers le ciel et s'exclame!

- Mais il est fou ce type-là .

Et l'étrange individu est parti aussi vite qu'il était entré. Moi je rigolais comme un fou, j'étais habitué à ce genre d'aventures. D'ailleurs, un matin une fille complètement déjantée est entrée dans ma boutique. Elle tenait sa robe dans sa bouche, et s'est mise à crier :

- Je veux un enfant de toi ! Je veux un enfant de toi !

Elle ne voulait pas quitter la boutique. Heureusement que ma retoucheuse qui travaillait à l'arrière de la boutique est arrivée à mon secours pour faire fuir la folle.
Curieusement, dans la même journée, j'ai eu un client qui

s'appelait Monsieur Deléglise, il est parti, quand est entré un nouveau client qui s'appelait : Monsieur Labbé, à son départ, un troisième client entre pour me commander un costume. Je lui demande son nom. « Je m'appelle Monsieur Levêque. » Le lendemain, à l'ouverture, mon premier client c'était Monsieur Lemaire. Nous disposons là de la panoplie complète pour célébrer un mariage ! Avouez que cela fait des drôles de coïncidences. Dès que le dernier client est sorti, Jean mon tailleur, pour faire l'andouille, psalmodiait l'Avé Maria en faisant des signes de croix.

Le lendemain j'avais rendez-vous avec Francis Huster pour le film « Équateur. » Un acteur d'une simplicité extraordinaire. Il blague, rigole facilement, et quand est venu le moment de signer le livre d'or… surprise ! Il a dessiné mon personnage. À la place de ma tête, il a dessiné une ampoule allumée et mon pied sur un podium avec le numéro 1 : la médaille d'or de la sympathie. Il a signé « Mazarin la star des costumes, pour costumes de stars. L'idée et le talent au service des comédiens et des stars. » Francis Huster

Je continue avec mes anecdotes. J'habille Guillaume Depardieu pour le film « Le comte de Monte-Cristo ». Il fallait l'habiller en officier du 19e siècle, tout en blanc avec des galons dorés partout. Il avait une veste croisée avec douze boutons dorés sur la poitrine, des épaulettes avec des franges toutes dorées. Au dernier essayage, le costume n'était pas tout à fait terminé. Il m'a laissé au milieu du magasin avec les bras en l'air et il s'est mis à courir vers la place des Vosges. Il est revenu dix minutes après. Je lui dis :

- Qu'est-ce qui vous a pris ?

- Je suis allé montrer le costume à ma fiancée qui m'attend dans la voiture, elle m'a trouvé très beau.

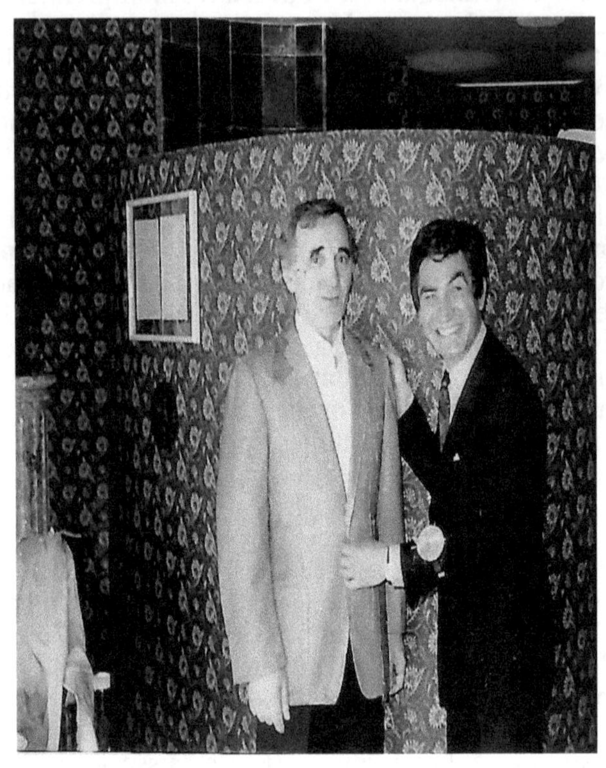

Charles AZNAVOUR habillé par Joseph FRAGOMENI

Je continue avec le film « Yiddish Connection » avec Charles Aznavour et Ugo Tognazzi. Il fallait les voir tous les deux au centre de la boutique, habillés en rabbins. Ils riaient comme des fous, car les costumes étaient noirs, croisés à l'envers, et les pantalons à mi-mollet. Ils se regardaient et éclataient de rire. Une fois Charles Aznavour parti, Ugo Tognazzi est resté avec moi et nous sommes allés boire un verre au Café Martini. Nous avons évidemment parlé en italien, il m'a donné la recette des spaghettis au basilic et a dédicacé mon livre d'or. J'ai eu l'honneur d'habiller Isabelle Adjani pour le film « Tout feu tout flamme. » Pour ce film je lui ai fait une veste blanche un peu originale, en effet il fallait réaliser un patron de huit tailles plus grandes que la sienne. Il fallait supposer que cette veste smoking appartenait à son père Yves Montand.

J'ai habillé également Jodie Foster dans « Le sang des autres » là, je me souviens il était treize heures et il fallait aller dans un magasin sur les Grands Boulevards. Il y avait tellement de salles au premier étage de ce magasin que je la cherchais partout et puis soudain la voilà devant moi. Je lui serre la main et tout de suite elle laisse tomber sa robe par terre et s'est trouvée en collant. On ne pouvait pas faire autrement il n'y avait pas de salon d'essayage. J'ai admiré la douceur de cette star et sa gentillesse.

Mais, à mes yeux, l'homme et le client le plus extraordinaire c'est bien Frédéric Dard. Il est venu spécialement de Suisse pour se faire faire une jaquette grise, un gilet perlé et un pantalon rayé. Il devait porter cet ensemble, d'une part pour aller à un mariage, et d'autre part pour aller voir la Reine d'Angleterre. Sur le livre d'or, il a écrit : « Grâce à vous, je peux fréquenter la Reine d'Angleterre pour lui dire mon admiration et mon amitié. »

Quittons-le Mazarin pour m'évader dans ma ville natale : Siderno. Après plusieurs années d'absence en arrivant au pays justement pour mettre au point avec mon frère l'accord que nous avions fait dans notre enfance quant à notre réussite sociale. Il faut dire qu'étant enfant il se moquait de moi en me traitant de bon à rien et de parasite.

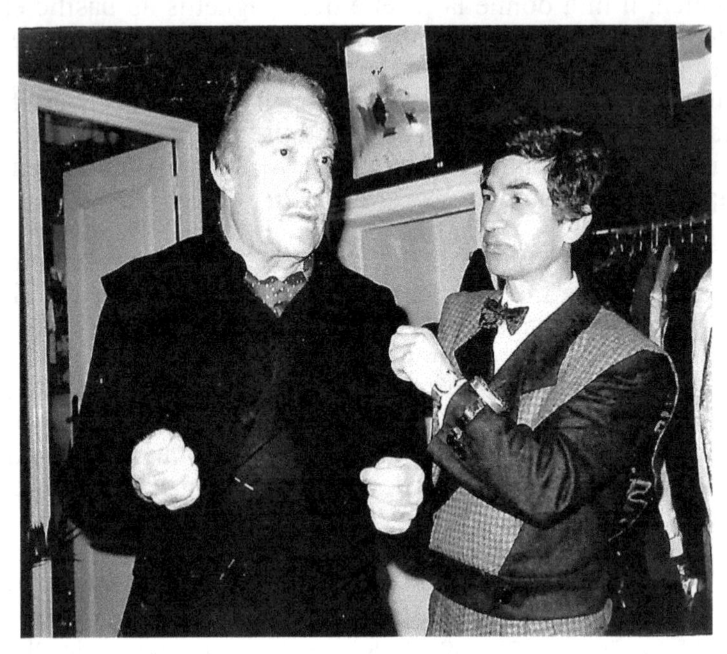

Ugo TOGNAZZI habillé pour « Yddish Connection »

C'est là que nous avons passé un pacte : se rencontrer adultes.

En effet il a bien réussi : Professeur d'Économie et de Commerce, Président de la Cour des Comptes, et Commissaire priseur. Il a construit une villa sur l'emplacement de notre vieille maison, trois étages de bureaux pour ses trois enfants. Antoine Avocat, Sandro professeur comme lui et Maria Térésa Avocate. Malheureusement, mon frère est décédé d'une hémorragie cérébrale à soixante-trois ans.

Revenu au pays d'autres surprises m'attendaient. D'abord de ne pas retrouver tous mes copains d'enfance. Je ne connaissais pas la villa de mon frère, tous les vergers d'oranger s'étaient transformés en pavillons d'habitation. Toutes les personnes âgées que je connaissais étaient au « Boulevard des Allongés ». Seule la mer n'avait pas changé, la mer Ionienne, c'est là que je me baignais dans mon enfance. Je me souviens, quand j'étais gamin j'allais à la plage le matin de bonne heure pour voir le soleil se lever à l'horizon, il était rouge, énorme et avec ses rayons il teintait la mer d'un reflet rougeâtre et argenté. Une mer d'un bleu immense calme comme de l'huile dans une bassine, au bord de l'eau des petits cailloux et plus loin un sable très fin, un paradis pour le touriste, mais pas pour les gens du village. C'était très rare qu'ils viennent se baigner ou alors les femmes venaient très tôt le matin pour ne pas se montrer. Elles se baignaient avec leur chemise de nuit très longue jusqu'aux pieds, mais quand elles rentraient dans l'eau la chemise remontait au-dessus des fesses ; au fond elles étaient toutes nues. Avec un copain, on plongeait pour ramasser de petites assiettes que les chasseurs tiraient au ball-trap de la ville et on revendait celles qui étaient restées entières. En même temps on se rinçait l'œil en regardant les femmes nues au fond de l'eau.

Après l'entrevue avec mon frère j'ai repris l'avion pour remonter sur Paris et retrouver ma boutique Le Mazarin. Dès mon arrivée beaucoup de travail m'attendait et je ne chômais pas. J'avais à réaliser toutes les semaines des costumes soit pour le théâtre, soit pour le cinéma.

Je me souviens de ma première pièce de théâtre. C'était « La Vie parisienne », mais pas avec la mise en scène d'aujourd'hui où les acteurs sont presque nus. Non ! Moi c'étaient des vêtements de la fin du19ème siècle. J'avais habillé tous les comédiens en costume blanc de toute beauté, avec la ligne près du corps. J'ai assisté à la première, c'était au Théâtre de Paris et à la fin, quand le rideau rouge est tombé pour se relever sur les comédiens tous ensemble sur la scène, le public debout applaudissant, je n'ai pas pu retenir mes larmes, car les habiller un à la fois et les voir tous réunis ce n'est pas la même chose. J'ai également travaillé pour un autre spectacle très beau et bien interprété. « Un inspecteur vous demande » avec Yves Robert. Il était d'une gentillesse rare, souriait souvent avec ses yeux, et m'appelait « Mon cher Maître ».

J'ai connu pratiquement toutes les planches des théâtres de Paris comme : Les Bouffes Parisiens, le Théâtre de l'œuvre, La Michodière, le Palais Royal, le Théâtre de la porte Saint-Martin, le Saint-Georges, etc … et aussi le Paradis Latin et Les Deux Ânes. J'ai fréquenté également les théâtres de la province, ainsi que les Opéras, notamment l'Opéra de la Bastille. J'y ai habillé un chanteur allemand de stature très imposante. Il mesurait 1.70 m de tour de taille, je ne pouvais pas prendre les mesures moi-même. Il a fallu que l'on se mette à deux et on a rajouté un deuxième centimètre. À l'essayage, il ne pouvait pas rester trop longtemps debout, alors on lui mettait une chaise à côté. À l'Opéra de Bordeaux, j'ai réalisé les costumes pour les chanteurs de Carmen, au théâtre La Criée de Marseille. Je prenais l'avion le matin pour faire les essayages de Marcel Maréchal. C'était formidable ! Le soir je restais sur place et on allait tous au restaurant manger la bouillabaisse. J'allais également au Théâtre Montpensier de Versailles pour faire les essayages de Jean-Claude Brialy pour la pièce « L'illusionniste ». Il s'agissait d'une queue de pie rouge avec une culotte mauve et des bas lie de vin. Chaque fois que je m'agenouillais pour faire la longueur du pantalon, il faisait exprès de m'écarter les cheveux. Cela me mettait en pétard évidemment.

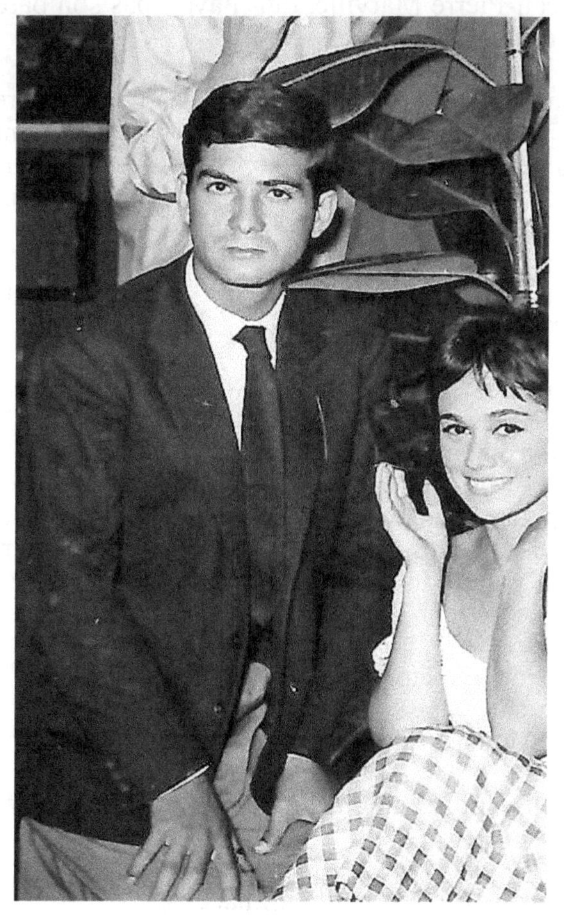

Jean-Claude BRIALY

Au « Deux Ânes », théâtre des chansonniers, j'ai longtemps habillé Jean-Pierre Marville, qui n'avait pas son pareil pour nous faire rire.

Oh ! Combien de fois j'ai rencontré des gens bizarres ! Par exemple : un homme entre au Mazarin pour me commander un costume sur mesure pour son frère. Le problème c'est que ce dernier venait de décéder. Je lui demande comment je dois procéder pour prendre les mesures ?

- Vous les prenez sur moi. Il est exactement comme moi. Quel prix ?

- Cinq-cents euros.

- C'est trop cher pour un mort !

- Je peux vous faire un meilleur prix, mais alors je supprime les poches du pantalon, les poches intérieures de la veste. Il n'y aura qu'un seul bouton à la taille et de fausses poches à l'extérieur.

Il me regarde tout étonné.

- Mais, Monsieur, je veux un costume normal !

- Si vous voulez un costume normal, vous payez le prix normal.

Il me regarde avec une petite grimace.

- On ne peut pas tricher avec les tailleurs. Le costume que je venais de vous commander c'était pour moi. J'avais pensé pouvoir obtenir un prix en commandant un costume pour un mort.

Un autre jour, un passant pousse la porte de ma boutique : il me demande si je fais des costumes pour des chasses à courre.

- Évidemment !

Et il me commande une veste et un pantalon. Le pantalon, forme squelette de cheval, la veste avec quatre grandes poches soufflets, deux ouvertures à la taille pour passer un sac derrière le dos pour pouvoir mettre le gibier, par exemple un lapin. Je prends rendez-vous la semaine suivante pour l'essayage. Le jour du rendez-vous arrive. Le monsieur se met debout au milieu du magasin, face au miroir pour se regarder. Je lui passe la veste pour l'essayage, mais d'un seul coup je ne sais quelle mouche le pique : iI se regarde dans la glace et prend la position comme s'il tirait sur du gibier. Je lui dis :

- Mais ! Monsieur, baissez les bras !

- Pas question, Monsieur, vous allez me faire l'essayage quand je tire.

Je le regarde d'un air étonné et lui dit :

- Quand vous ne tirerez pas, vous allez avoir une manche plus courte que l'autre et le devant aussi.

- Ah bon, alors faites comme bon vous semble, à chacun son métier.

- Merci, Monsieur.

Mais celui que j'ai habillé le plus c'est Jean-Claude Brialy. D'abord pour la pièce « Désiré » et ensuite pour le film « Stella ». D'ailleurs une femme qui se promenait Place des Vosges s'approche de moi.

- S'il vous plaît Monsieur, vous n'êtes pas le frère de Jean-Claude Brialy ?

- Non-Madame !

- Mais alors vous travaillez chez lui, dans son magasin rue du Pas de la mule ?

- Non-Madame, la boutique de la rue du Pas de la Mule est à moi. Monsieur Brialy est mon client.

Je pourrais citer des centaines de stars qui se sont croisées dans ma boutique. Comme Thierry Lhermite pour le film « Dernier été à Tanger » ou Nicole Garcia, d'une gentillesse phénoménale dans le film « Stella ». Un jour, elle m'a demandé si je pouvais aller chez elle pour lui faire un essayage. D'habitude je ne me déplaçais pas, tout le monde venait chez moi pour les commandes et les essayages, mais pour elle, j'ai fait une exception. Je me souviens elle voulait se regarder dans le miroir pour voir la ligne de la veste (c'était un tailleur des années 1940). Comme elle ne pouvait se voir, car le miroir était trop haut, elle s'est mise à sauter sur la pointe des pieds. C'était très drôle. Une autre fois, je lui ai fait un manteau noir en cachemire et le même pour Jean Rochefort. Je ne sais pas comment ils ont fait leur compte, mais ils ont inversé les manteaux et au lieu de me donner celui de Jean Rochefort pour effectuer une retouche, elle m'a déposé le sien. Dans la poche de son manteau, elle avait oublié un médicament et elle est venue tard chez moi pour le récupérer, je ne sais pas comment elle a fait pour me retrouver.

À cette même époque, une jolie fille entre dans ma boutique avec Catherine Leterrier (une grande costumière de théâtre) pour commander un tailleur « pied de poule » noir et blanc pour le film « La Crime ». Une fois fini, elle avait la ligne de Laureen Bacall, son nom était Gabrielle Lazure, elle venait du Canada. Quand je l'ai vue, je lui ai dit :

- Un jour, vous serez Michelle Morgan !

Et en signant le livre d'or, elle a dessiné un cœur transpercé d'une flèche suivi de :

- Michelle Morgan vous attend parmi les grands…

Mais l'homme le plus extraordinaire qu'il m'ait été donné de connaître a été Philippe Noiret. Je l'ai habillé pour plusieurs films, comme « Les Ripoux » « Twist again à Moscou » « Masques ». Quand il venait à la boutique, toujours chic avec sa belle voix inoubliable, il était très content de me parler de son père. Il me disait que c'était un grand tailleur, et que c'est pour cela qu'il s'habillait toujours

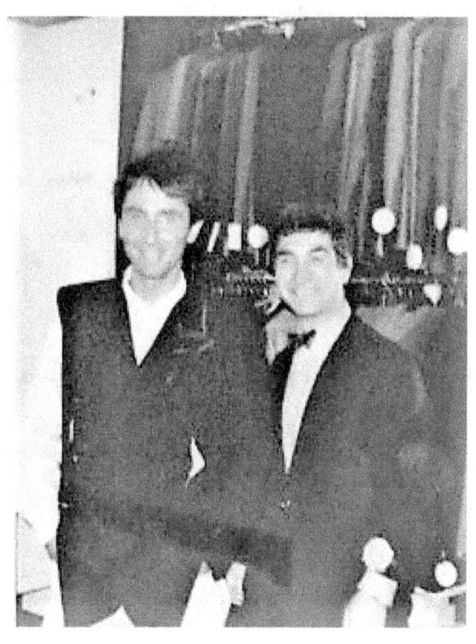

Thierry LHERMITTE habillé par Joseph FRAGOMENI

avec élégance, car il avait été à bonne école. Il se mettait en colère quand j'étais de mauvaise foi. Un jour il trouvait que sur un pantalon, à l'endroit de la braguette il y avait un pli. Je lui dis :

- Mais non Monsieur Noiret !

Il m'a regardé un peu de biais en disant ;

- Et mon cul… Il n'a pas un pli ?

Après cela, il rigolait.

- Dis-moi Joseph, est-ce que tu pourrais me faire deux shorts pour les vacances ?

- Bien sûr, Monsieur Noiret. Pour quelle date ?

- Nous sommes au mois de mai, pour juillet, ça va ?

- Oui, oui !

En prenant les mesures de l'entre-jambes, je lui dis (en parlant du sexe) :

- Vous portez à gauche ou à droite ?

Il m'a répondu :

- Qu'est-ce que cela peu te foutre !

Et on était pliés en deux de rire.

Je lui fabrique ses deux shorts et ma femme les expédie fin mai.

Au début septembre il me téléphone en disant :

- Merci les copains pour mes shorts.

Je ne comprends pas. Mais j'ai su le fin mot de l'histoire ; le colis était parti à Montréal au Canada au lieu de Montréal dans le Tarn. Il a fini par recevoir les shorts, mais en septembre.

Le Président de la République, Monsieur Chirac, en voyant le film « Masques » a trouvé très belle la veste d'intérieur que Philippe Noiret portait. Sa fille Claude Chirac est passée à ma boutique pour me commander la même pour son père. J'ai eu l'occasion de voir plusieurs fois le Président, c'est un homme d'une bonté et d'une générosité incomparable. Une année je lui ai envoyé mes vœux il m'a répondu aussitôt.

Mais je préfère continuer mes petites anecdotes sans critiquer les uns et les autres, car j'ai beaucoup à dire par exemple sur quelques comédiens ou comédiennes qui s'octroient le privilège de ne pas payer le tailleur.

C'était très amusant aussi d'habiller Michel Dussarat. Dans la pièce de théâtre « Cabaret » et pour le théâtre Mogador, il fallait l'habiller moitié en fille et moitié en garçon. Quand il venait dans ma boutique, on faisait l'essayage au milieu du magasin en face de la rue. Un jour Michel se déshabille. Il garde tout de même son slip, sauf que sur le slip il portait une lampe rouge, chaque fois qu'il se baissait, la lampe s'allumait. Beaucoup de curieux s'arrêtaient devant la vitrine pour assister au spectacle. Chez moi ce genre de spectacle arrivait souvent, car j'habillais non seulement les stars de cinéma et de théâtre, mais aussi des gens du cirque. J'ai même habillé des animaux.

Un jour Aldo Macionne est venu chez moi pour le film « Aldo et junior ». J'ai habillé Andréa Férréol dans un tailleur tout en plastique, mini-jupe et collant mauve. J'ai été obligé d'en faire plusieurs, car à chaque fois que je mettais le fer à repasser sur le plastique, il fondait. J'ai également habillé Aldo Macionne pour le film « Pizzaiolo et Mozarella ». Une fille très sexy jouait dans ce film : une artiste italienne. Il fallait lui faire une robe toute déchirée, mais la robe étant sur mesure il fallait faire les entailles sur elle. Cette robe était une robe fourreau. De la main droite, je tenais les ciseaux et ma main gauche était à l'intérieur de ses jambes pour que lorsque je déchirais sa robe, je ne la blesse pas. J'étais obligé de lui toucher les jambes et parfois ma main glissait plus haut. Elle ne portait pas de sous-vêtement, et la main qui tenait les ciseaux tremblait comme une feuille. La fille rigolait, car elle était chatouilleuse. Je devais lui faire aussi une queue de pie. On appelle cela un habit. Une fois l'habit terminé elle se retourna vers moi et me dit avec l'accent italien :

- Monsieur Mazarin, l'habit est trop grand pour moi !

Je lui explique la différence qu'il y a entre l'italien et le français. Elle me dit :

- Petit coquin !

J'ai eu l'honneur d'habiller Gérard Depardieu pour plusieurs films, mais celui qui m'a marqué le plus c'est « Sous le Soleil de Satan ». Il était avec Maurice Pialat et quand je lui ai passé la soutane noire, Maurice Pialat a éclaté de rire et Depardieu aussi. Ils riaient tellement fort que j'ai été obligé de fermer la porte qui donne sur la rue. Une fois Depardieu et Pialat partis un client entre dans la boutique et me dit :

- Qu'est-ce qu'il a comme kilos, Gérard Depardieu !

Je lui répondis que tous les kilos qu'il a en plus ce sont des kilos de gentillesse.

J'avais aussi un client un peu maigrichon qui venait s'habiller chez moi. C'était le seul à ne pas vouloir me donner son nom. Je n'ai pas insisté, car à force de l'habiller nous avons sympathisé. Je lui ai demandé quel était son métier, et il m'a répondu tout simplement. « Trouble public. » Je ne comprenais pas. Alors il m'a expliqué :

- Quand c'est la gauche qui défile, je suis payé par la droite pour foutre le bordel, et quand c'est la droite, je suis payé par gauche pour foutre le bordel. C'est aussi simple que ça. Bravo ! Mais je n'ai jamais revu ce garçon.

J'étais également spécialisé dans les costumes de prestidigitateurs et d'illusionnistes. Toutes les poches étaient placées au millimètre près. Un jour, un prestidigitateur a fait coucher sa femme par terre en plein milieu du magasin pour qu'on lui fasse l'essayage allongée, car il fallait lui enfoncer un sabre dans le ventre et il fallait faire l'ouverture du trou avec une précision extrême. Un autre illusionniste sortait des dizaines de parapluies de sa veste et il fallait que je fasse des multitudes de petites poches derrière le dos ainsi que des boucles en tissus pour poser des cages à oiseaux. Un jour, je le vois arriver avec les deux bras dans le plâtre.

- Mais Monsieur Hardy que vous est-il arrivé ?

- Vous n'allez pas me croire ! La semaine dernière en sortant de chez moi, en bordure du bois de Vincennes, un grand chien noir qui courait à toute vitesse m'a renversé. En tombant, je me suis cassé le bras et suis allé à la clinique pour le faire plâtrer. Deux jours plus tard, sur le même trottoir, le même chien m'a cassé le deuxième bras. Quand le médecin m'a vu arriver, il était plié en deux à force de rire.

Moi j'en ai fait autant quand je l'ai vu arriver.

Un autre illusionniste vient me voir pour me commander une queue de pie. Il venait même de loin, car le Mazarin était très connu dans toute la France pour ce genre de costume spécial. Ce client devait cacher une télévision dans son ventre. Seul le tube cathodique devait apparaître. Toutes les manettes étaient dans les poches. Je lui fais un habit pour homme obèse, la télé tenait avec des crochets sur les épaules et en effet le public ne voyait que l'écran. Toutes les questions posées lui étaient transmises par la télé.

Un soir mon amie Luce une talentueuse prestidigitatrice d'une grande gentillesse, qui venait s'habiller souvent chez moi et m'a demandé d'aller la voir au Musée Grévin. Elle était au fond, et, pour arriver jusqu'à elle, il fallait passer devant des personnages en cire. Devant moi, il y avait une fille qui avançait gentiment quand soudain un personnage en cire se penche vers elle. La fille panique elle tenait le personnage avec ses deux mains et le buste s'est redressé. Quand cela a été à mon tour d'avancer, le personnage en cire tenait un livre dans ses mains. Quand j'ai été près de lui, il a laissé tomber le bouquin, moi gentiment je prends le livre pour le remettre entre ses mains. Surpris par la chaleur, je lui dis :

- Merde ! C'est chaud !

Alors une grosse voix s'élève :

- Mazarin !

C'était le client de la télé.

Un jour, il a fallu habiller Richard Berry pour le film « Taxi Boy ». Il avait rendez-vous avec le metteur en scène à 11 h chez moi. À 11 h 30 Richard n'était toujours pas là. Le metteur en scène s'est mis en colère :

- J'en ai marre, j'en ai assez. Pour qui il se prend ? C'est fini, je ne veux plus travailler avec lui.

Moi, dans mon coin je ne disais rien, et quand Richard Berry est arrivé vers 11 h 45 le metteur en scène se jette dans ses bras :

- Hello ! Richard, comment vas-tu ?

Comme s'il n'avait rien dit trois minutes plus tôt.

Je lui ai fait un beau costume rayé des années 1940 et tout s'est bien terminé.

J'ai eu également l'occasion d'habiller Roger Hanin pour le film « La Baraka » et « Le Grand Carnaval ». Un comédien d'une gentillesse extraordinaire. Je suis allé chez lui afin de lui prendre ses mesures pour un costume trois-pièces. Son appartement donnait en face de la Tour Eiffel. Pour l'essayage il est venu chez moi, mais il portait des bottes. Pour les enlever, il a fallu se mettre à deux. Il était assis sur un fauteuil en plastique des années 1970 et quand il a allongé la jambe il s'est retrouvé les fesses par terre sur la moquette, car il ne pouvait pas se cramponner sur le fauteuil glissant. Cela ne l'a pas empêché de signer mon livre d'or avec ces mots :

- À Joseph Mazarin, ami et vrai arlequin du costume, il est la joie de vivre et de rire. Toujours comédien qu'il est, reste, restera, il est des nôtres et c'est pour cela qu'on l'aime. Roger Hanin 27.04.1983.

J'ai habillé longtemps Bertrand Tavernier, un grand metteur en scène gentil et adorable. J'ai réalisé des costumes pour le film « Autour de minuit » de Dester Gardon, Herbie Hanckock pianiste, et François Cluzet. Herbie riait tout le temps, d'ailleurs on lui a fait une veste originale, sans col, sans revers, à larges rayures noires et grises. Il a pris une page sur mon livre d'or pour écrire deux noms. Il y avait aussi Lyneztt Mckee. J'ai adoré sa dédicace. Elle a embrassé le livre avec sa bouche pleine de rouge à lèvres et a signé « Love. » Je garde pour toujours la forme de sa bouche.

Je me souviens aussi de Karen Cheryl. Quand je l'ai habillée pour l'émission de télé « Carnaval », c'était la première de Patrick Sébastien. Il fallait habiller Karen Cheryl en Marlène Dietrich : habit noir, chapeau haut de forme, collant noir pour mettre en valeur ses jambes. Elle pleurait dans mes bras tellement elle était complexée, elle avait peur de ne pas être à la hauteur pour imiter Marlène Dietrich. Elle répétait dans ma boutique sur un tabouret en mettant ses jambes dans toutes les positions et moi j'étais là pour lui dire :

- Bien ! Pas bien !

Et elle est partie réconfortée.

J'ai oublié de parler des prestidigitateurs « à la main leste ». Comme celui qui est entré dans ma boutique pour choisir une veste sur un portant. Je n'étais qu'à un mètre de lui, cela ne l'a pas empêché de me voler mon portefeuille. Ce sont les éboueurs qui l'ont retrouvé dans une poubelle, vidée de son contenu.
Un autre prestidigitateur entre pour acheter une chemise. Il reste devant le comptoir, moi derrière, pour choisir la

chemise. Il sort de sa poche un billet de cinq-cents francs. Je mets le billet dans le tiroir je lui rends la monnaie. Immédiatement il me dit :

- Finalement la chemise ne m'intéresse pas voulez-vous me rendre mes cinq-cents francs ?

Je lui rends son argent, mais une fois parti je me suis rendu compte que ma caisse était vide.

Un policier marocain de la Seine-Saint-Denis vient plusieurs fois à la boutique et on sympathise. Une fois bon copain, il m'a volé mon briquet en or et mon portefeuille qui se trouvait dans ma veste accrochée derrière l'atelier. Mais ce n'était pas le portefeuille qui m'a attristé le plus, c'était ce qu'il contenait : une photo de Lucienne Boyer prise un peu avant sa mort où l'on nous voit danser tous deux sur une table dans un bar de Ménilmontant.

Ironie du sort, le Préfet de la Seine-Saint-Denis vient s'habiller un jour chez moi. Je lui raconte l'histoire de son flic, il a rigolé :

- Ne vous inquiétez pas. Ce Monsieur indélicat a été renvoyé chez lui .

Une des dernières comédiennes que j'ai connue c'est Marthe Mercadier. À la fin de la pièce « Le squat », je suis allé dans sa loge pour l'inviter à dîner. Nous sommes allés place des Vosges dans un restaurant et nous avons parlé un peu de tout. La deuxième fois que je l'ai vue, c'était rue de la Gaité dans une pièce « Les Amazones » à la fin de la pièce elle m'a fait cadeau de son livre, dédicacé. Nous sommes allés au restaurant à la Coupole à Montparnasse accompagné de Amarande et de mon épouse. À la fin du dîner, je l'ai accompagné chez elle dans l'île Saint-Louis, vers deux heures du matin. Je l'ai déposée à deux-cents mètres de chez elle, car la rue était en sens interdit elle a fait un sprint à toute allure comme une fille de vingt ans. Or elle venait de fêter ses soixante-seize ans. D'ailleurs, dans sa pièce de théâtre elle monte sa jambe au niveau de sa tête. C'est une femme adorable, extraordinaire, toujours gaie et souriante.

Durant ma carrière j'ai eu à habiller de jeunes enfants juifs pour la Bar-Mitsva. L'enfant venait avec sa mère, son père, la grand-mère et souvent ses petits frères et sœurs. Parfois ils venaient à cinq ou six personnes, et là le débat commençait :

- Missi Joseph… Quel prix allez- vous me faire ? Attention Missi Joseph, avec moi, pas de chèque…que du liquide…

Là, sa mère intervenait :

- Missi Joseph… Je veux que mon fils soit le plus beau…. Un modèle exclusif…par exemple « Elvis Presley » tout blanc avec un grand col et de grands revers, un pantalon patte d'éléphant… Je veux que ça brille… mettez-moi des ganses dorées partout… Bien sûr, pas cher…

La mère me lâchait et c'est le père qui réattaquait :

- Missi Joseph, toute ma famille va venir s'habiller chez vous…faites-moi un petit prix…

Et quand j'annonce :

- Trois mille cinq cents francs !

Il me rétorque :
- Pour ce prix-là, vous allez nous en faire deux !

Tout en me montrant les billets qu'il sortait de la poche arrière de son pantalon pour me les passer devant les yeux, comme un éventail.

Entre les années 1975 à 2000, j'ai pratiquement habillé, tous les enfants du quartier pour leur Bar-Mitsva.

J'étais en fait le seul spécialiste capable de faire des modèles uniques pour les Juifs. L'enfant a treize ans : c'est le plus beau jour de sa vie, car à cet âge il devient un homme. J'étais souvent invité à participer à la fête. Ce n'était pas n'importe où. Cela se passait au Georges V, à l'Hôtel

Intercontinental, etc… dans les meilleurs endroits.
Un jour, que j'étais avec Jean mon tailleur, une femme entre dans la boutique pour me demander le prix que je prendrais pour un costume pour son fils. Quand je lui demande où est son fils, elle me répond :

- Il a 13 ans, mais je vais vous l'amener.

Le lendemain elle revient avec son fils. J'ai été obligé de redresser la tête pour voir son visage, il mesurait presque 1 m 80.

- Dites-moi, Madame, c'est votre fils de treize ans ? Et c'est pour lui que je dois vous faire un petit prix ?

- Hé oui, Monsieur, il n'a que treize ans !

- Madame, cela fera 3.500 Francs »

- Ce n'est pas possible… un tailleur rue Notre-Dame de Nazareth me prenait 2.000 Francs. »

- Mais madame, allez rue de Nazareth !

- J'y suis allée, mais c'était fermé… Cause faillite».

- Alors Madame ! vous voulez que je fasse faillite, moi aussi.

Alors la gentille dame me répond en soupirant :

- Bien on va le faire. Mais attention… je veux que mon fils soit le plus beau !

- Vous pouvez me faire confiance, Madame.

Pour moi, les Juifs étaient mes meilleurs clients. Ils marchandaient, mais ils payaient, je n'ai jamais eu de problème. Au contraire, j'adorais travailler avec eux. Ils me faisaient penser aux gens de mon pays natal : gentils, souriants, blagueurs. Mais il fallait qu'ils marchandent. Ce n'était pas pour économiser de l'argent, non, c'était une coutume, et cela leur faisait tellement plaisir quand on baissait les prix. D'ailleurs, je les augmentais au départ, pour les réajuster au final, ainsi tout le monde était content.

Dans le commerce il faut avoir le cœur dur, mais moi, parfois, j'avais le cœur tendre. Un enfant de dix ans entre dans la boutique :

« Bonjour, Monsieur. Dans deux semaines je dois passer un concours de chant et je n'ai pas de vêtement. J'aurais besoin d'un pantalon, d'une chemise, d'une veste d'un nœud papillon, et s'il me reste de l'argent, une ceinture. »

- Tu as combien d'argent ?

- Cinquante francs, Monsieur.

- Avec cinquante francs, tu es riche. Il va t'en rester beaucoup.

Je l'ai habillé de la tête aux pieds, j'ai même fourni les chaussettes.

- Regarde-toi dans la glace pour me dire si ça va!

Et il se regarda, avec sa petite bouche ouverte :

- Oh ! Je suis beau… Monsieur, combien vous dois-je ?

En voyant cet enfant tellement heureux, je n'ai pu retenir mes larmes, j'ai pleuré comme un bébé, car je ne pouvais pas m'empêcher de penser à mon enfance.

Je lui ai donné le costume plus cent francs dans sa poche et lui ai souhaité bonne chance. Je n'ai jamais revu cet enfant.

Cela m'a fait repenser à l'année 1984. Un soir de décembre, j'étais dans mon appartement, en train de fêter les dix-huit ans de ma fille Florence. Nous étions tous joyeux en train de bien s'amuser, quand soudain le téléphone sonne et le rire se transforme en larmes. On venait de m'annoncer le décès de ma maman, la fête s'est terminée aussitôt. Je n'ai pas fermé l'œil de la nuit. Le lendemain je suis allé à l'aéroport pour prendre un billet d'avion pour l'Italie du Sud, la Calabre à 2.500 kms de Paris. Je suis arrivé le soir même, mais ma mère était déjà au cimetière, dans une chapelle. Le cercueil n'était pas fermé, ils attendaient mon arrivée afin que je puisse voir ma mère une dernière fois. Le cimetière se trouvait en haut d'une colline, face à la mer, et je suis resté un bon moment à contempler le visage de ma mère. Elle était toujours aussi belle, elle avait gardé ses fossettes et son petit sourire, et j'avais envie de rester avec elle dans cette chapelle. J'ai compris que je venais de perdre la personne qui m'était la plus chère, celle aussi qui m'avait certainement le plus aimé au monde.

Le lendemain je reprenais l'avion pour Paris, car les obligations m'attendaient.

CHAPITRE XI
-LE PLUS BEAU MÉTIER DU MONDE-

J'ai connu un client très drôle Jacques Balutin ! Il vient se faire faire un costume trois-pièces pour la pièce de théâtre « Tiercé gagnant ». Il fallait lui faire un costume très original et la costumière a choisi un tissu à grands carreaux bleus et gris. Une semaine plus tard, il vient pour l'essayer. Je vois arriver Monsieur Balutin avec un vélo sur l'épaule et il entre dans la boutique. Je lui dis :

- Mais il faut laisser le vélo dehors.

- Jamais, je ne le laisse dehors… cela m'a déjà coûté une fortune… Vous devrez faire l'essayage et mon cheval reste près de moi.

Jean et moi ne pouvons nous empêcher de rire en regardant le visage de Jacques Balutin. Nous avons fait l'essayage avec le vélo à ses côtés.

Un autre client rigolo était Luis Régo. Lui savait ce qu'il voulait. Pantalon toujours serré du bas, veste style américain. Il était très précis sur les emplacements sur le devant de la veste.

Claude Brasseur était très gentil lui aussi. Quand il venait faire son essayage vers onze heures, si ma mémoire est bonne, il passait toujours dans la rue du Pas de la Mule dans une Ferrari rouge, mais en sens interdit. Je lui disais que c'était interdit. Lui répondait :

- Je m'en fiche !

Mais celui qui m'a laissé un mauvais souvenir c'est Richard Bohringer. Je l'ai habillé pour une pièce de théâtre qui, je crois, était Georges V. La première devait se passer à Saint-Germain-en-Laye, mais elle a été annulée, car il avait eu un accident. Mais avant la première il nous a demandé à Jean et à moi d'aller le voir rue de Lappe, dans un bar. C'était vers dix-neuf heures. Quand nous sommes entrés, il était accoudé au comptoir. Je me suis approché pour lui serrer la main, mais d'un seul coup il a passé ses deux mains autour de mon cou en me serrant très fort, et en disant « Dis-moi que je suis le plus beau ! Dis-moi que je suis le plus beau… ! », plusieurs fois. Je ne pouvais pas répondre tellement il me serrait. J'ai vu la mort arriver. Heureusement que Jean était là. Il a dit « Lâchez-le, vous êtes en train de l'étrangler.» Et il m'a lâché. À mon avis, il avait bu un petit coup pour en arriver là, car c'était un garçon gentil comme tout.

Voilà un homme extraordinaire : c'est Michel Galabru. J'ai eu l'honneur de l'habiller plusieurs fois. La première fois c'était pour le film « L'amour rend sourd ». Mais surtout c'était amusant de l'habiller pour un rôle d'illusionniste. Il fallait faire une veste toute en paillettes pour lui, avec un grand col châle noir, et la même pour une marionnette. Pour moi le plus difficile a été d'habiller la petite marionnette, de cinquante centimètres. On rigolait bien.

Personne n'a été plus heureux que moi. J'avais choisi le plus beau des métiers du monde, moi un petit calabrais qui venait de nulle part, je me trouvais devant les plus grandes stars. Quelle fierté ! Je venais de réaliser le rêve pour lequel des milliers de gens auraient voulu être à ma place. Oui ! Je peux le dire, j'ai eu dans mes bras les plus grands de ce monde. J'étais très fier quand un grand acteur se trouvait au milieu de ma boutique, au garde à vous, et moi avec le centimètre à la main. Je leur disais « Tenez-vous droit, s'il vous plait ! Pliez les bras ! Écartez les pieds ! » et tout le monde s'exécutait. Oui j'ai été content et fier d'avoir pris les mesures de Jean Marais, Arletty, etc... des centaines d'autres. Passer ma main autour de la poitrine, la taille, le bassin, les bras, le cou, l'entrejambe, etc… j'en éprouvais une joie immense. Oui, quand j'étais jeune je pouvais faire le comédien, mais non, je voulais les habiller pour les avoir le plus près possible près de moi. Encore une fois, j'ai été l'homme le plus heureux du monde… Que de bonheur ! Que de joie ! Surtout que les acteurs étaient tous gentils, ils savaient que le tailleur était là pour faire leur costume afin qu'ils soient le plus près possible du personnage qu'ils devaient incarner.

Oh ! Combien de souvenirs resteront enfouis dans ma mémoire ! Oh ! Combien de secrets j'emporterai avec moi ! Oh ! Combien de choses mes yeux ont contemplées, que je ne pourrai jamais révéler !

Je demande pardon au lecteur de ne pouvoir écrire sur cette feuille blanche une partie de ma vie privée. Combien de poésies j'ai écrites et qui ne sont pas publiées comme « Paradis perdu » écrite deux jours après le tsunami.

CHAPITRE XII

-LES STARS-

Je voudrais parler un peu de la mode à la naissance du monde. Les gens s'habillaient en fonction du climat. Dans les climats chauds, on était tout nu . Dans les climats frais, on portait une peau de bête.
Ce n'est vraiment qu'au Moyen Âge que les gens se sont habillés en fonction de leur rang. Sous Louis XIV il fallait respecter la hiérarchie. On ne pouvait pas s'habiller mieux que le Roi, après c'étaient les princes, etc… Comme dans les fonctions militaires, ce sont les costumes et les gallons qui donnent le grade. Entre un général et un soldat. C'est logique, et c'est appliqué également pour les religieux.

Ce n'est qu'à la Révolution Française que l'on invente le costume révolutionnaire et que tout le monde peut s'habiller comme il le désire. C'est au 19e siècle que les tailleurs ont commencé à lancer une mode, entre les tailleurs allemands, italiens et français et évidemment les Anglais, comme le grand dandy Brummell.

Tous ces tailleurs ont lancé la mode sur des gravures. Ils ont dessiné les redingotes, les gilets fermés très haut, droits ou croisés. Ils portaient surtout des gilets avec des cols châles, chemises col cassé très haut, ainsi qu'un foulard fin pour pouvoir faire un nœud.
Pantalon à pont, sans braguette, très étroit du bas (pas plus de 18 cm). En bas du pantalon ils mettaient un petit élastique qu'ils passaient en bas des pieds pour que le pantalon tienne droit.

Au début du siècle, les vêtements pour homme étaient souvent en flanelle, et surtout de couleur : vert, marron, gris. Mais vers la fin du siècle, tous les hommes portaient du noir, surtout le soir : la redingote. En haut des manches, les tailleurs mettaient des plis pour donner la forme d'un gigot : d'où vient le nom « manche gigot » ? Ils portaient des guêtres blanches sur les chaussures. C'était le signe de l'élégance.

D'ailleurs j'ai depuis longtemps affirmé : « L'élégance ce n'est pas une mode, mais un mode de plaire et de se plaire. »

Il y a eu la mode des années vingt (charleston) des années trente et des années cinquante, et dans les années 1968 arrive la catastrophe, c'est-à-dire la mode du livre de Victor Hugo « Les Misérables ».
La majorité des jeunes met sur le dos n'importe quoi : surtout les jeans de toutes les largeurs et de toutes les couleurs. Ces jeunes pensent ainsi plaire. Or, d'après ma logique c'est repoussant…
Remarquez ce n'est pas de leur faute, ce sont des modes qui viennent d'autres continents, non seulement l'habillement, mais aussi les gestes et le langage.

Mais surtout les jeunes filles ! Elles ont changé toute leur morphologie, elles ne savent plus marcher à cause des « grolles » qu'elles portent aux pieds et des pantalons sans aucune ligne. D'ailleurs les jeans qu'elles achètent sont des tailles mixtes, c'est-à-dire que l'homme et la femme ont le même corps. Moi, je peux vous garantir le contraire ! Pour la femme entre la taille et le bassin il y a 28 cm de différence ; chez l'homme il n'y a que 16 cm (bien entendu s'ils sont tous les deux proportionnés). Si l'homme est un peu plus rond, il peut y avoir une différence de 12 cm, mais pour la femme si elle est un peu forte de taille il n'y a que 24 cm de différence. Donc le pantalon taille mixte est un piège. Je continue avec mes anecdotes de stars.

Celui qui m'a fait le plus mal aux bras c'est Lee Marvin pour le film « Canicule » avec Miou-Miou. Lee Marvin mesurait au moins 1m90. Mes mains ne pouvaient atteindre ses épaules, car je ne mesure que 1 m 65. Heureusement que dans ma boutique, j'avais prévu un podium avec deux marches et quand un homme de grande taille venait, il restait en bas des marches et moi je me juchais en haut du podium.

Le second, c'était Jean-Luc Bideau. Il touche presque le plafond. Je me souviens d'un costume croisé beige, il lui tombait à merveille. Je lui dis « Regardez-vous dans la glace, Monsieur Bideau » et en réponse il baisse le pantalon, tourne ses fesses vers la glace et me dit « Il tombe très bien, je suis très content… »

Le troisième, c'était Jean-Pierre Marielle. Il fallait lui faire un costume style Saharienne avec manches courtes et culotte de cheval. Quand je lui ai essayé la culotte, le bas arrivait aux genoux. J'en rigole encore, car il fallait voir… on voyait les chaussettes et les mollets. J'ai conservé la photo, c'est un souvenir de plus.

Mais c'est avec l'équipe du « Théâtre des deux Ânes » avec Jean-Pierre Marville, Christian Vebel, Pierre-Jean Vaillard. Quand ils venaient tous au Mazarin, c'était la crise de rire assurée… Ils m'ont dédicacé tous les quatre le livre d'or en me dessinant un âne en train de transpirer, car c'était l'été, et moi à genoux en train de lui découdre la queue.

Je continue, puisque nous sommes dans la rigolade, les artistes du « Quator » qui sont venus dans le magasin, pas moyen de faire l'essayage de leur queue de pie, ils bougeaient tout le temps. C'étaient quatre garçons extraordinaires.

Mais là où je me suis amusé un peu moins ce fut pour le

film « Twist Again à Moscou ».
J'ai coupé un costume pour Bernard Blier. Tout d'abord je suis allé chez lui à Neuilly, dans son bureau, pour prendre ses mesures. Cela a été très difficile de passer le centimètre autour de sa poitrine, car il avait toujours sa pipe à la bouche. Mais pour l'essayage c'est lui qui est venu chez moi et là cela a été plus facile de lui dire de poser sa pipe sur mon bureau.

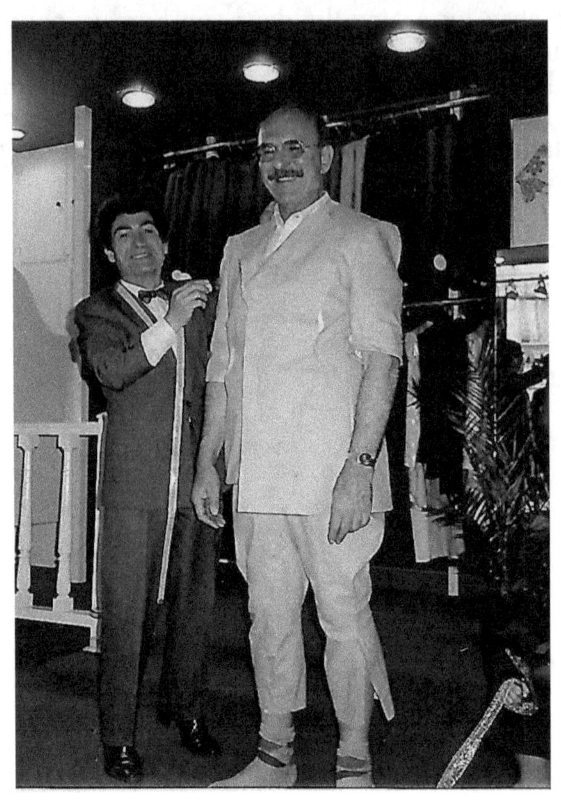

Jean-Pierre MARIELLE habillé par Joseph FRAGOMENI

Après Bernard Blier, cela a été le tour de Christian Clavier pour qui je devais faire une veste en strass, toute démodée. Mais celui qui m'a donné le plus de mal c'est Philippe Noiret. Il fallait lui faire un costume, mais ce costume devait être laid, comme s'il avait été fabriqué en Russie, avec des revers tous tordus, un col qui gondolait et pas repassé. E pour couronner le tout, il fallait le déchirer, mais que l'on ne voit pas le « déchiré » au tournage, il fallait qu'il se déchire vite dans une bagarre. Alors j'ai fini le costume, j'ai coupé la toile et la doublure intérieures, et avec une lame de rasoir, j'ai découpé le devant. À l'extérieur, j'ai collé légèrement les bords pour que l'on ne voit pas qu'il était déchiré.

Un autre comédien que j'ai été obligé de déformer c'est Michel Serrault pour le film « Le roi du gag. » Il fallait lui couper un costume cinq tailles plus grandes que la sienne, mais l'essayage s'est bien passé. Très gentil Monsieur Serrault...

J'ai habillé également Jérôme Savary...mais il ne voulait pas qu'on lui prenne les mesures. Michel Dussarat était son costumier, il avait du mal à prendre un rendez-vous, et courait toujours après le temps.

J'ai été très content de pouvoir habiller Michel Cardoz le présentateur de météo à la télé avec un gilet à fleurs. J'étais très heureux de le voir entrer dans ma boutique, toujours avec un grand sourire, même sa grande moustache riait ; un homme d'une douceur extraordinaire.

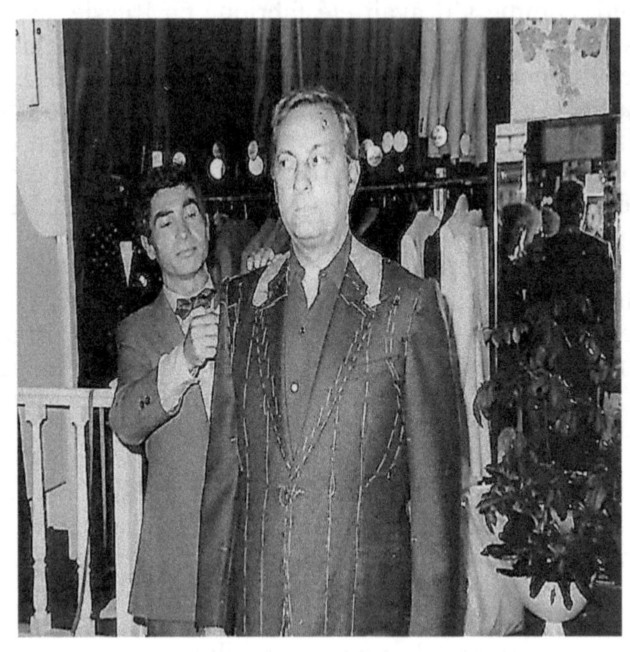

Michel SERRAULT et Joseph FRAGOMENI

J'ai coopéré également au film « » La Totale » Eddy Mitchell, Thierry Lhermitte et Michel Boujenah, ce dernier plaisantait sans arrêt. Quant à Thierry Lhermitte, lui aussi plaisantait constamment. Lui je le connaissais bien, car je l'avais déjà habillé à plusieurs reprises. Eddy Mitchell était plus réservé, mais lorsque nous sommes allés Place des Vosges boire un verre, il était très décontracté, il ne parlait que de l'Amérique. Il était charmant.

J'ai bien également pris plaisir à habiller Tom Novembre dans la pièce de théâtre « La légende de Jimmy » pour le théâtre Mogador en hommage à l'américain James Dean mort prématurément au volant de sa voiture. J'ai travaillé aussi pour TF1 pour le film Jacques le Fataliste avec Patrick Chesnay. C'étaient des costumes de gardes sous Louis XVI. Il y avait entre dix et quinze costumes. Quand j'ai dit aux bureaux de TF1 que chez moi on payait comptant, ils m'ont répondu « Pas question ! Chez nous on paye à trente jours ». « Bien, je garde la marchandise, car chez moi c'est règlement comptant ! » Après bien des palabres, je n'ai pas cédé et ils m'ont envoyé un coursier avec un chèque. Je n'avais plus confiance dans ces gros clients. La preuve c'est que pour le film « Le radeau de la Méduse » avec Jean Yanne, mon chèque était revenu impayé plusieurs fois, car le radeau a coulé. J'ai rencontré Jean à l'Élysée dans une soirée de Jacques Chirac, et nous avons parlé du fameux film. Remarquez la production n'y était pour rien, c'était la faute d'un cyclone qui avait détruit tous les décors naturels, mais en fin de compte, j'ai été réglé.

Par contre, Georges Wilson ne se déplaçait jamais. Je n'ai jamais réussi à le faire venir chez moi. Toutes les mesures et les essayages ont été réalisés dans le théâtre, soit sur la scène, soit dans la loge qui était souvent petite. Alors je travaillais avec les moyens du bord. Il était très gentil, parfois il lui arrivait même de plaisanter. Je me souviens très bien de Monsieur Wilson dans la pièce de théâtre « Eurydice » avec son fils Lambert Wilson. J'avais réalisé un grand imper démodé pour le fils Lambert, toujours souriant. Un vrai plaisir d'habiller des stars de ce niveau.
Un autre comédien formidable : Guy Marchand. Il fallait que je l'habille pour un film « le Tueur Triste », un costume

très cintré des années 1940. Quand Monsieur Marchand m'a vu avec le centimètre dans la main, avec une pose de grand comédien, il me dit :

- Monsieur Mazarin je connais très bien mes mesures, vous savez ... mon père était tailleur, la largeur de mes épaules d'un point à l'autre est de 21 cm, mon entre-jambes est de 81 cm...

- C'est très bien Monsieur Marchand, mais je prends quand même les mesures ! En effet, il avait raison, il connaissait bien son corps.

Je suis intervenu à l'occasion de plusieurs pièces de théâtre au Palais de Chaillot, comme « Les Zazous », « Chanteclerc » avec Jean-Claude Dreyfus, « Le Bourgeois Gentilhomme », etc...
C'était fabuleux d'être sollicité tous les jours pour participer à des films, des pièces de théâtre, ou encore des spectacles dans les cabarets où se produisaient de grands illusionnistes tels que : Gérard Majax. Mais le premier que j'ai habillé a été Dominique Web. Je n'ai jamais eu dans ma vie autant d'amour que pour ce métier de créateur de mode et de couture. Je me souviens comme si c'était hier d'un vêtement que j'ai créé pour un cheval... il fallait lui faire un habit avec une encolure de 96 cm. C'était pour le film « Les mille et une nuits ».

J'ai participé au montage de nombreuses pièces de théâtre pour les galas Karsenty Herbert.

J'ai habillé également David Michel un des ventriloques des années 1970 le plus côté de l'époque avec son « Nestor » et ensuite c'est Michel Dejeneffe qui est venu chez moi pendant plusieurs années avec sa marionnette « Tatayet ». C'était un garçon très gentil, parfois il venait exprès de Belgique pour se faire faire un smoking noir, il s'habillait très chic, alors que David Michel se présentait toujours en public en salopette et chapeau haut de forme avec des fleurs partout. C'était son style et il le portait bien.
Une autre personne que je regrette c'est Frédéric Rossif, un homme exceptionnel. Il me rendait visite tous les samedis

après-midi avec son appareil photo, car il voulait photographier mon petit chien Mitsou, un yorkshire de toute beauté. Il ne pesait qu'un kilo cinq- cent adulte. Mais Monsieur Rossif n'a jamais pu le prendre en photo, en effet Mitsou était toujours en promenade. Rossif ne s'habillait qu'un avec des costumes de lin, coloris noir, sans toile à l'intérieur, col et revers modèle chemise, carré du bas et devant, fermé par cinq boutons. Il voulait des costumes les plus légers possibles, car Monsieur Frédéric souffrait de la chaleur.

Je me souviens aussi de Charlotte Vallandray. C'était pour son premier film « Rouge Baiser ». Elle était toute jeune et pas du tout timide, on sentait qu'elle allait devenir une grande comédienne. Je lui ai fait une petite jupe toute courte, à fleurs. Elle était venue chez moi avec une grande costumière, Olga Pelletier.

J'ai également accueilli Pierre Arditi qui est un comédien charmant. Il est venu chez moi avec Catherine Leterrier. Il n'avait confiance qu'en elle.

J'ai aussi adoré habiller Patrick Préjean, car il plaisantait toujours. Il était venu avec Christian Marin avec qui il jouait un rôle dans la pièce de théâtre « La puce à l'Oreille ». Le metteur en scène en était Jean-Claude Brialy J'ai habillé Patrick Préjean comme un prince, alors que pour Christian Marin c'était une combinaison rouge et jaune trois fois trop grande pour lui. Christian Marin rigolait tout le temps en se regardant dans la glace, il se trouvait ridicule, mais il était très beau dans cette grande combinaison, car lui aussi il était grand à tous les points de vue.

Avec Sophie Duez ce n'était pas mal non plus. Il fallait lui faire un tailleur près du corps, mais le plus amusant c'est qu'il fallait rajouter partout des grenouilles sur le tailleur. Son rôle voulait qu'elle tombe dans une mare à grenouilles et qu'elle en sorte avec toutes ces petites bestioles accrochées.

Je ne vais pas m'attarder plus longtemps sur mes anecdotes concernant les stars, tant d'artistes ont passé le pas de mon échoppe et ont marqué leurs passages en me faisant l'amitié de dédicaces sur mon Livre d'Or. J'estime que quelques milliers de dédicaces de comédiens du monde entier ornent à présent ce reliquaire des souvenirs. J'ai également réuni trois albums de photos avec les costumes que j'ai réalisés avec toutes ces stars.

Comment ne pas penser au voyage que TFI m'a organisé pour aller à Los Angeles afin d'y prendre les mesures d'un acteur qui habitait à Santa Monica. Je ne parlais pas un mot d'anglais, mais sur place une interprète m'attendrait à l'aéroport avec une pancarte sur laquelle serait inscrit « Mazarin ». Fatigué du voyage, je n'ai pas fait attention à elle sur l'instant. Simplement je me suis dit : « Tiens ici aussi il y a un Mazarin. » Alors la femme s'est approchée de moi, elle ne pouvait pas me rater j'étais le plus petit.

- Monsieur Mazarin ?

Je la regarde curieusement :

- Oui !

- Suivez-moi !» dit-elle.

C'était le soir. Elle m'a emmené dans un hôtel-restaurant et elle m'a fait un signe de la main qui voulait dire on mange et on dort ici. Le lendemain un interprète viendrait en taxi pour me conduire dans la villa de l'acteur. Me voilà au milieu du restaurant, toutes les tables étaient préparées avec sur chacune une bouteille d'eau. Une grosse femme vient me servir sans dire un mot, A l'époque je fumais et j'avais envie d'un verre de vin rouge. Chaque fois que j'essayais de lui expliquer de m'amener du vin… du vin, vin, vin. Elle me regardait comme si j'étais fou et se retournait et partait. J'avais juste le droit de voir son postérieur, car elle portait une robe qui se boutonnait par-derrière et, à l'endroit des fesses, deux boutons s'étaient défaits.

Pour finir, pas de vin et pas de cigarette. Elle m'a donné le numéro de ma chambre. Le lendemain, en me levant, un taxi m'attendait devant la porte.

- Monsieur Mazarin…?

Enfin ! J'étais tout content : un taxi et un chauffeur qui parle français. Une fois assis, je lui demande :

- Vous parlez français ?

- Oui, oui, oui !

Il avait l'adresse et me dépose devant une grande villa. Il arrête le moteur et me fait signe d'entrer dans la maison. Me voilà dans un petit chemin, ma mallette dans la main qui contenait mon carnet de commandes, un stylo et mon centimètre. La maison était tout en verre, j'avais du mal à trouver l'entrée. Soudain, une silhouette d'homme apparut. Elle était très grande. Je la regarde du bas vers le haut, mais l'homme était très accueillant et très souriant. C'était James Caan. Je lui prends les mesures. Il parle moitié français, moitié anglais. À un moment quand il m'apporte à boire, le ciel s'est déchaîné, c'était l'année où il y avait eu beaucoup de dégâts. J'ai pris congé de lui. Le taxi m'attendait, et lorsque je suis monté il a commencé à me parler anglais. Évidemment je ne pouvais pas le suivre.

Je lui dis :

- Je croyais que vous parliez français ?

- Oui, mais j'étais en France tout bébé, j'avais cinq ans.

Je me suis dit « me voilà bien ». Je lui ai donné vingt dollars, et lui ai demandé de rouler pour vingt dollars. Le voilà parti, il m'a fait visiter le Paramount, la Metro-Goldwyn-Mayer, tout Hollywood, et le fameux boulevard où les stars laissent leurs empreintes. Il s'est retourné vers moi pour savoir si je voulais continuer la visite. Je lui ai dit :

- Non, mais mon Avion ! »

En faisant le geste avec les bras de l'oiseau qui vole. J'avais hâte de quitter Los Angeles avec ses rues qui pour nous français, sont des avenues. J'étais dans le hall de l'aéroport et ma pensée voyageait vers Paris… Les petites rues de mon quartier, le Marais, la Place des Vosges, mon petit bistro « Ma Bourgogne » où j'allais deux à trois fois par jour retrouver mes copains. Mes repères me manquaient.

Un jour, Bernard Giraudeau est venu s'habiller pour le film « Poussière d'Ange » et je n'ai pas compris pourquoi dans le livre d'or, il m'a dessiné un manteau avec une tête de bélier.

C'est formidable de comparer toutes les dédicaces des uns et des autres, il n'y en a pas une seule identique.

Il y a un comédien d'une grande aménité, c'est Julien Guiomar. Cela fait des années que nous habitons dans le même quartier. J'ai eu l'honneur de l'habiller, il est d'une simplicité remarquable.

J'ai eu aussi un grand plaisir à habiller en 1992 Loulou Gasté le mari de Lyne Renaud : il était formidable. Je suis allé chez lui et pris plaisir à parler de la Sicile. Il m'a dit être Sicilien et avoir une passion pour la guitare et la poésie. Il m'a montré également tous les arbres qu'il avait plantés et les travaux qu'il a réalisés dans sa maison. Pendant que je lui faisais les essayages et que nous bavardions, Lyne Renaud pataugeait dans la piscine avec Muriel Robin. Je suis resté presque deux heures à bavarder avec Loulou Gasté. Vers 18 h, il m'a offert à boire et j'ai pris congé pour rentrer à Paris.

Un beau matin d'été, c'était un vendredi vers 11 h, on pousse la porte du Mazarin et là je n'en crois pas mes yeux ; entre une fille d'une beauté exceptionnelle accompagnée d'une costumière de cinéma de l'époque. Je ne connaissais pas cette jolie fille, car nous sommes dans les années 1987, elle n'était pas encore très connue. La costumière s'adresse à moi, car elle me connaissait de nom. À l'époque toutes les costumières connaissaient Mazarin. Elle me montre une gravure du 19e siècle. Le personnage de la gravure portait une jupe longue très évasée du bas avec une profusion de

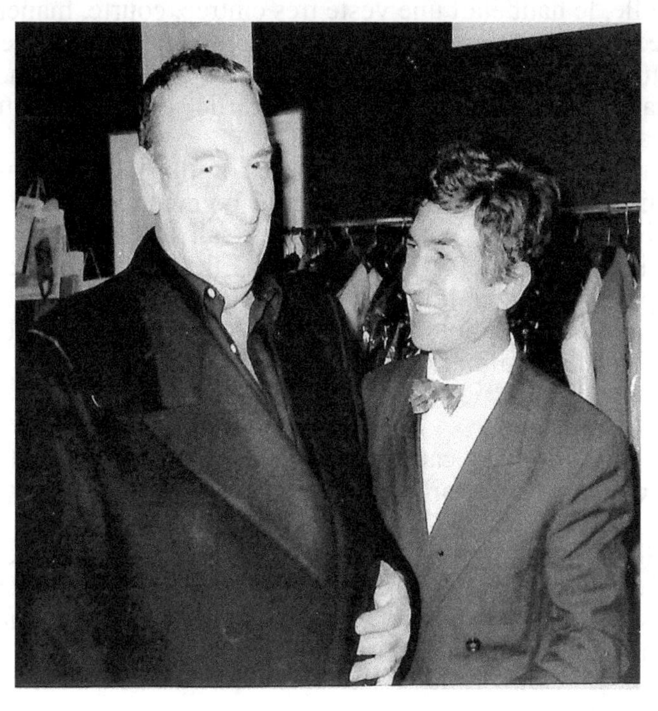

Julien GUIOMAR et Joseph FRAGOMENI

dentelle, le haut était une veste très cintrée, courte, manches serrées en bas et gigot en haut. Je commence à prendre les mesures et Jean prend des notes. Évidemment on lui demande son nom. Elle me regarde avec un sourire éclatant : Arielle Dombasle.
Je sursautais, car je connaissais son nom, mais je n'avais jamais vu son visage. Alors là, j'ai commencé à faire des courbettes comme un tailleur italien sait le faire. Elle riait tout le temps. Elle était très belle ! Elle était magnifique ! J'ai passé un temps fou à lui prendre les mesures. D'ailleurs Jean m'a pris en photo avec Arielle Dombasle dans les bras. Par contre elle aimait sa taille, car à plusieurs reprises elle m'a répété :

- La taille bien cambrée Monsieur Mazarin… La taille bien cambrée… La taille bien cambrée !

D'ailleurs parmi toutes les stars que j'ai habillées, nulle n'a refusé de se faire prendre en photo avec moi. Ah si ! Une seule a refusé, car elle n'était pas maquillée et gentiment elle m'a dit :

- Non ! Mais la prochaine fois !

C'était Miou-Miou pour le film « Canicule. »

Quand Arielle Dombasle a signé le livre d'or, elle n'a pas oublié de signer « S.V.P. la taille bien cambrée… » J'en garde un très bon souvenir et j'ai toujours sa photo sur moi.

Un autre comédien formidable, gentil et sensible est Michel Duchaussoy. Lui, je l'habillais pour la ville comme pour la scène. Dommage que je ne l'ai connu qu'à la fin de ma carrière. Et puis que devrais-je dire aussi de Serge Reggiani ? Il était d'une douceur… il venait presque tous les matins vers 11 h pour me dire un petit bonjour. C'était en 1989, j'étais en pleine gloire, au sommet de la création du vêtement. C'était un poète, Monsieur Reggiani ; nous parlions souvent en italien et quand il a dédicacé le livre d'or il a fait un poème :

« Bonjour et merci de Serge Reggiani »

et signé d'une rose.

Je voudrais également vous citer quelques anecdotes comme celle de Fabrice Luchini : je lui avais fait un costume tout blanc pour la pièce qu'il jouait au Théâtre de Saint-Maur-des-Fossés. À la fin de la pièce dans la loge, la fermeture éclair de son pantalon est restée coincée. Je l'ai entendu crier :

- Mazarin… Mazarin… !

Vu son humeur au lieu d'aller le voir, je suis parti. Il m'est arrivé la même chose à Rambouillet avec Guy Pradeau un boulanger-pâtissier. Il m'avait commandé un pantalon pour le travail. Je le connaissais très bien, c'était un copain. Sa femme tenait la boulangerie et lui un bar derrière la pâtisserie. Tous les dimanches matins vers midi, nous allions prendre l'apéro et nous titubions tous en sortant de chez lui, car chez Guy Pradeau, il fallait que tout le monde paye sa tournée, parfois il me disait qu'il buvait une bouteille de Ricard par jour.
Revenons au pantalon. C'était l'époque des pantalons très serrés à taille basse. Il me téléphone de Rambouillet pour me demander que son pantalon soit prêt pour samedi matin, car l'après-midi il avait un mariage et il devait livrer une pièce montée. La table des mariés était en fer à cheval. Quand il est entré pour poser la pièce montée, il s'est baissé pour la poser devant la mariée, et soudain le fond du pantalon s'est décousu sur bien quinze centimètres. Il ne pouvait plus se retourner. Le pauvre malheureux est sorti en marche arrière avec la main sur les fesses. Je ne vous dis pas le scandale qu'il m'a fait quand on s'est revu.

Une autre fois, un danseur qui passait à Bobino, c'était l'époque de Claude Vega et qui imitait à merveille Dalida vient à la Boutique pour essayer son pantalon. C'était un pantalon en alpaga noir comme l'époque le voulait. Il était très serré. Je lui dis :

- Dites-moi quel genre de danses faites-vous ?

Il me répond texto :

- Je fais pas mal de grands écarts.

- Voulez-vous faire un grand écart avec le pantalon fini ?

- Pas question !

Je lui dis :

- Vous savez, le pantalon c'est moi qui le coupe, mais ce n'est pas moi qui le monte, j'ai du personnel pour coudre.

- Monsieur, j'ai confiance !

Évidemment j'ai été invité pour la première, et, si ma mémoire est bonne, c'était le soir où Georges Brassens faisait un show. J'étais dans la salle avec mon ami Jean, la musique se met en route, mon client en plein milieu de la scène, droit comme un I et le voilà parti, il monte la jambe sans arrêt, et d'un seul coup il se prépare pour faire un grand écart. Alors là, il est resté avec la moitié d'une jambe à droite et l'autre moitié à gauche. Je ne vous dis pas la rigolade du public. Jean et moi avons quitté la salle vite fait. J'ai eu des appels téléphoniques le lendemain, le danseur m'a demandé si j'étais dans la salle ?

- Non, j'ai eu un empêchement de dernière minute.

Alors il m'a tout expliqué. Je lui dis :

- Monsieur, amenez-moi le pantalon pour le recoudre.

Il me répond :

- Vous vous foutez de ma gueule, je ne mettrais plus jamais les pieds dans votre boutique !

Un jour Philippe Clay vient au magasin pour se faire faire un smoking noir, c'était pour le festival d'Angers avec Brialy. Une fois le smoking fini il me dit :

- Toutes mes félicitations, c'est une merveille, maintenant je viens m'habiller chez vous.

- Je peux vous prendre en photo ?

- Avec plaisir, mais à condition qu'avec mon copain, on vous prenne chacun un bras et on vous monte en l'air .

En effet, il m'a soulevé à trente centimètres du sol : c'était la seule méthode pour pouvoir être à leur hauteur.

Une autre anecdote. Je connaissais Madame, La Faille ; elle fabriquait des manteaux de fourrure sur mesure. Son atelier se trouvait rue de Paris à Montreuil et, dans un coin, il y avait un petit podium avec un piano. C'est là que venait souvent Francis Lopez pour préparer ses opérettes. Je fréquente souvent le Théâtre du Châtelet. Je travaille un peu pour eux. C'est là que j'ai fait la connaissance de Luis Mariano après lui j'ai rencontré José Todaro, un sicilien également charmant. Nous étions toute une équipe de copains et de copines. Parmi nous se trouvait Nicole Breard, une chanteuse du Châtelet, ainsi qu'une grande amie : c'était la princesse. Je ne peux pas citer son nom. Elle m'a invité chez elle avenue Mozart dans le 16e arrondissement de Paris. Elle avait préparé de petits fours et à boire. La soirée a pas mal démarré, mais à un moment donné, Nicole s'est approchée un peu trop près de moi. La princesse n'a pas supporté cela. Était-ce de la jalousie ? Je ne pourrais le dire. En tous cas elle a ouvert la fenêtre pour se jeter du 4e étage. Heureusement que Pierre, un ami, était à côté d'elle. Il a pu la bloquer par une jambe, car son corps était déjà dans le vide. Je me suis précipité et attrapé l'autre jambe, comme cela à deux on a pu la soulever. Nous l'avons sauvée d'une mort certaine. Et notre soirée s'est terminée en mots de réconfort pour la belle princesse. J'ai toujours dit que je l'aimais bien, mais jamais que je l'aimais « tout court ».

Toutes ces aventures se sont déroulées à la même époque. Je vivais à cent à l'heure. Je ne dormais jamais, mais je crains en avoir payé les conséquences en 1992, je m'en expliquerai plus tard !

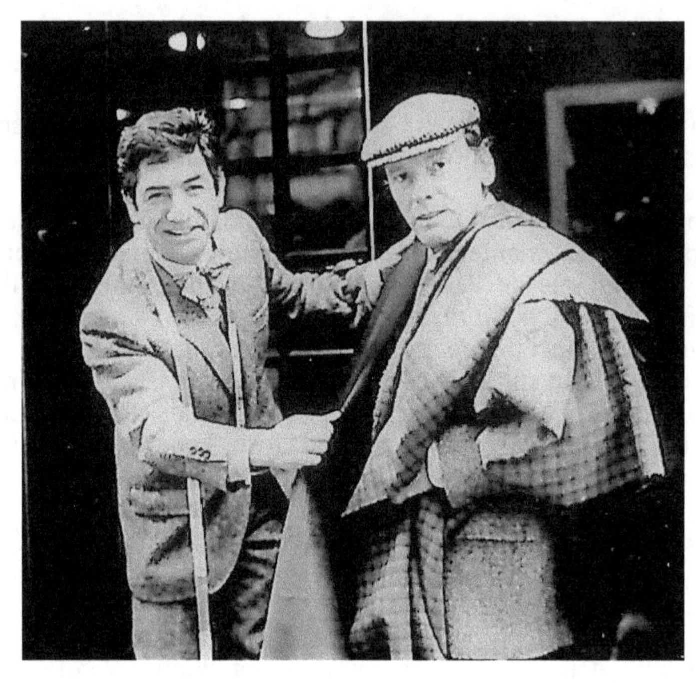

Joseph FRAGOMENI et Jean-Louis TRINTIGNAN

Restons encore un peu avec la joie ! J'ai été bouleversé quand Catherine Leterrier, une grande costumière de cinéma m'a passé un coup de fil pour me dire qu'elle venait me chercher pour aller chez Simone Signoret afin de lui faire un manteau pour le film « l'Étoile du Nord. » Elle viendrait me chercher au Mazarin avec le metteur en scène, Pierre Granier-Deferre.

Nous voilà partis en Normandie, car la maison de Madame Signoret se trouve au début de la Normandie. Quand nous sommes arrivés, elle nous attendait dehors. Elle avait installé une table ronde, mis des chaises autour et au milieu de la table, une bonne bouteille de Bordeaux. Nous étions à l'ombre, car ce jour-là il faisait très chaud. Je lui ai serré la main, la costumière et le metteur en scène l'ont embrassée. On s'est mis à parler un peu de cinéma. Madame Signoret connaissait un peu l'italien. Moi qui suis bavard de nature, je n'arrêtais pas de parler, je lui ai même demandé où elle avait acheté le parasol qui se trouvait devant la terrasse, car il était énorme, tout en toile, blanc cassé avec de grandes baleines de bois. Elle m'a regardé et avec un sourire discret m'a répondu :

- Monsieur Mazarin, ce parasol vient de chez vous, de Rome exactement, je vais même vous expliquer le voyage. Vous savez, je connais très bien Rome et mon grand copain c'est Marcello Mastroianni. Sur place j'ai rencontré un copain de Paris, et lui ai demandé s'il pouvait emporter avec lui un grand parapluie. Il m'a regardé et il a dit :

- Mais Simone, évidemment… !

Mais quand il a vu le parapluie, nous avons éclaté de rire, on était plié en deux. Il fallait se mettre à quatre, pour soulever le parasol et l'attacher sur la voiture. Il a mis un temps fou pour arriver à Paris, le vent le bloquait, et adieu la vitesse… »

Après la visite de la maison, je me suis permis de lui poser une question un peu intime :

- Quel est votre plus grand plaisir ?

Elle m'a répondu simplement :

- Coucher dans des draps de satin.

- Vous savez, Madame Signoret, les draps de satin, ça glisse !

- Et alors ! Il faut trouver quelqu'un pour s'accrocher et c'est tout !

La fin de l'après-midi s'approchait, la bouteille était vide. Simone Signoret nous avait accompagnés avec une bière, et nous avons pris congé.

Pour choisir le tissu Simone Signoret nous a invité, la costumière et moi-même dans son appartement de la place Dauphine derrière le Palais de Justice, dans l'île de la Cité. Son appartement était un peu curieux. Il fallait descendre pour aller dans son salon, on pouvait voir passer les gens pendant qu'elle était en train d'examiner les tissus. Quand le téléphone s'est mis à sonner, Simone Signoret n'a pas voulu répondre. D'un geste sec, elle a décroché le combiné et a pris un accent portugais.

- Madame, elle n'est pas là… Pas là… elle a dit plusieurs fois Madame, pas là !

Et elle a raccroché. Nous avons tous bien ri. Elle a choisi le tissu et nous sommes partis, après avoir pris rendez-vous chez moi pour le samedi suivant pour l'essayage.

Comme le temps passe vite, la semaine suivante est passée très vite. Madame Signoret vient dans ma modeste boutique. Dès qu'elle est entrée, j'étais prêt à lui faire des courbettes comme les Italiens savent faire. Ensuite, après lui avoir ôté sa veste, je lui passe un manteau pour l'essayage. C'était amusant de me voir moi, debout, et Capo Bianco à quatre pattes pour lui essayer les chaussures. Capo Bianco était l'un des plus grands chausseurs de Paris, il venait de la rue du Faubourg St honoré, car pour le cinéma, Madame Signoret se chaussait toujours sur mesure. Donc nous avons fait l'essayage. Deux grands Maîtres pour elle toute seule !
Je n'ai jamais revu Simone Signoret, je n'ai pu que suivre son enterrement, comme je n'ai pu que suivre celui d'Édith

Piaf.

J'ai également eu le privilège d'applaudir Joséphine Backer montant les marches du Casino de Paris.

Je reviens un peu en arrière pour raconter une soirée et une rencontre.

J'ai été invité, avec Amarande, sur une péniche au bord de la seine, près de Neuilly pour l'anniversaire de Claude Lemesle, un grand poète. Il a écrit beaucoup de chansons pour de nombreux chanteurs e, pour sa fête ils étaient tous présents sur la péniche. J'étais à table avec Amarande et en face de moi se trouvait Sacha Distel. Je lui parlais des années 1957, lorsque je travaillais encore à l'usine à la Radiotechnique en écoutant sa chanson « Scoubidou, bidou ah… » Je lui disais que sur les chaînes de montage, on n'avait plus de fils, car pour réaliser des scoubidous il fallait des fils de toutes les couleurs : rouge, bleu, blanc, jaune. À l'époque, tout le monde avait un scoubidou, surtout en porte-clefs.

Sacha Distel riait beaucoup et tout en mangeant, racontait des histoires drôles. À un moment, il me regarde dans les yeux et me dit :

- J'en ai une bonne à te raconter : dis-moi qu'est-ce qui tombe en hiver, qui est blanc et qui se termine par AR ?

Je lui réponds que je n'en ai aucune idée. Gentiment il me regarde et avec un grand sourire :

- Mais c'est la neige, connard !

Tout le monde a rigolé. Nous avons passé une soirée inoubliable qui a durée jusqu'au petit matin.

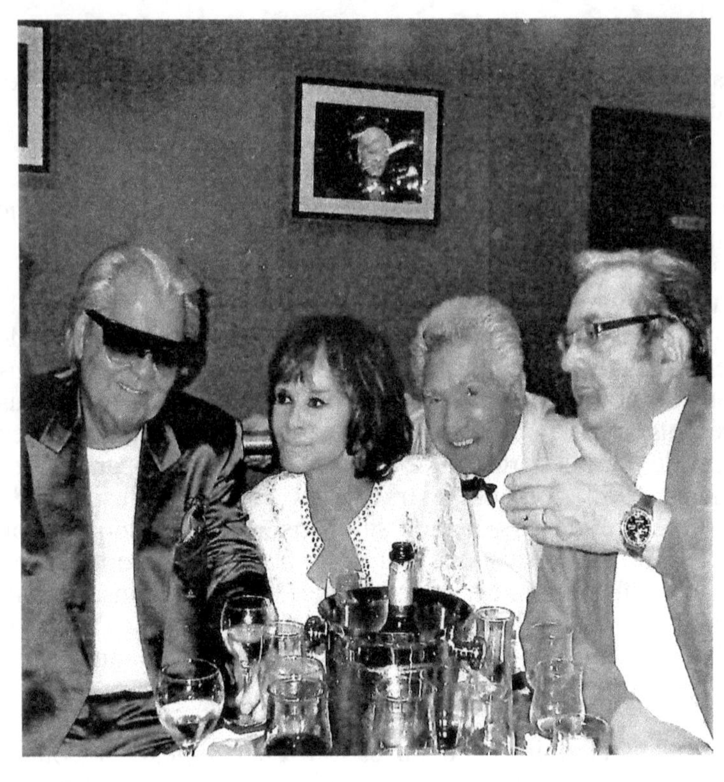

MICHOU, AMARANDE,Joseph FRAGOMENI et Gérard SEGATTI

CHAPITRE XIII
- CIGARETTES ET WHISKY -

Nous voilà en 1992. L'aune des années les plus difficiles de ma vie. Jean Valette mon meilleur ami et fidèle compagnon de route a pris sa retraite. Impossible de le remplacer par de jeunes tailleurs sur le marché du travail. J'ai alors embauché une jeune fille, Fabienne. Elle était adorable. Nous sommes devenus vite amis, mais malheureusement j'ai été obligé de me séparer d'elle, car au bout de quelque temps elle travaillait davantage la couture pour femme. J'ai ensuite embauché une autre jeune fille allemande de Judith Husch, qui m'a pas mal aidé, elle était une fille très ambitieuse qui ne demandait qu'à apprendre le métier de la couture pour homme. Elle travaillait donc à la fois pour moi et pour son propre compte. Elle a participé ainsi que Fabienne aux costumes de ma dernière comédie musicale, « La Cage aux Folles » avec Patrick Rocca et Bernard Lalane, deux comédiens d'une gentillesse inouïe.

À cette époque un deuxième compagnon de travail a également pris sa retraite Janot Miriemkouli après trente ans de collaboration. C'est lui qui réalisait toutes mes créations. Il était donc normal que je me sente un peu fatigué.

Je m'en souviens comme si c'était hier ! Il était midi.

D'habitude, je montais chez moi vers 12 h 30. Je dis « montais », car j'habitais en face le Mazarin et mon appartement se trouvant au n° 5 de la rue était dans 4e arrondissement alors que ma boutique située au n° 2 était dans le 3e. Cette rue est une des plus petites de Paris elle ne comporte que quinze numéros et donne sur la Place des Vosges.
J'avais entendu parler que d'Artagnan avait habité au n° 4 de la rue du Pas de la Mule, et au n° 3 en face il y avait un café fréquenté par tous les intellectuels du 17e siècle ; à côté se trouvait l'Enclos de Ninon. En 1975, dans cette rue existaient encore des hôtels de passe et de tout petits bars de nuit. D'ailleurs, c'est dans la rue adjacente, la rue des Tournelles que l'on trouvait les plus belles filles de joie de Paris. Pour moi c'était une bonne clientèle, elles venaient acheter des cravates pour leurs copains.

Revenons à ma vie personnelle. Donc, ce jour-là, je me trouvais un peu fatigué. Je monte chez moi vers 12 h au lieu de 12h30. La table était prête, car ma femme est réglée comme une pendule. Je mange très légèrement et vers 13h30 mes yeux se sont fermés tout seuls. J'étais allongé sur mon divan et là je suis parti dans un autre monde. J'étais entouré d'une forêt avec des arbres tout en fleurs blanches, des femmes se tenaient par la main, des enfants couraient dans tous les sens en riant, des filles très jolies se tenaient par la taille ; moi aussi j'étais habillé de blanc. Je pouvais leur parler à tous avec mon habituel sourire, par contre, lorsque j'allongeais les bras pour les toucher, c'était impossible. En tout cas, j'étais très, très heureux. Je ne peux pas dire le temps que cela a duré, mais cela m'a paru un siècle. Vers 14 h, j'ai ouvert les yeux et je me suis retrouvé dans ma salle à manger. C'était inexplicable cette absence de vie en si peu de temps.

En descendant à la boutique j'ai décroché mon téléphone et ai passé un coup de fil à m »on cardiologue qui se trouvait être également mon client et je lui ai demandé un rendez-vous. Lorsqu'il m'a demandé si c'était urgent, je lui ai répondu que non. Je ne lui ai pas dit que jour et nuit j'avais des battements dans le bras gauche. Il m'a donné donc rendez-vous pour la semaine suivante.

En attendant, il fallait travailler. J'avais des rendez-vous pour
des pièces de théâtre ainsi que pour des particuliers. Je n'avais presque plus de personnel. J'étais partout et la semaine est passée très vite. Je suis donc allé chez mon cardiologue. Quand il m'a vu, il m'a dit :

- Alors Monsieur Joseph, comment allez-vous ?

- Très bien !

- Bon ! Venez-vous allonger nous allons voir cela.

Il a pris ma tension et fait un électrocardiogramme. Et là, il reste avec la bouche ouverte.

- Mais, monsieur Joseph, vous avez fait un infarctus, et vous êtes encore là ! Vous fumez ?

- Oui !

- À partir d'aujourd'hui plus de cigarettes !

Je lui ai répondu par l'affirmative, mais, au fond de moi, j'étais sûr que j'aurais le plus grand mal à m'arrêter. Il me donne un traitement à vie et me dit :

- Monsieur Joseph, si vous fumez, dans cinq ans c'est la rechute !

C'est là que j'ai compris l'histoire de la forêt. J'étais dans le coma. Je me pose encore la question aujourd'hui. Était-ce la mort ou le coma, peut-être y a-t-il une autre vie… ?

Après avoir vu le médecin j'ai repris ma vie comme d'habitude, cigarettes et whisky !

Je venais d'embaucher une fille qui me remplacerait à la boutique quand je n'étais pas là. C'était une fille très intelligente : elle répondait au téléphone, faisait les retouches et cousait toutes les vestes à fleurs que je coupais. Elle travaillait avec une vitesse stupéfiante. Cette jeune yougoslave s'appelait Mileva S.

En 1997, Bernard Levy ne s'était pas trompé. Rechute !

J'étais allé voir une pièce de théâtre de mon amie Amarande. À la fin de la pièce, j'ai tellement applaudi que je me suis senti mal et je suis rentré chez moi rapidement. J'ai téléphoné à mon cardiologue, mais il était en vacances et avait laissé sur le répondeur le nom d'un de ses confrères. Ma femme lui téléphone.

- J'arrive tout de suite ! dit-il.

Il arrive deux heures après, car il venait de Versailles et moi j'étais Place des Vosges à Paris. Après m'avoir ausculté, il a immédiatement appelé une ambulance, direction Hôpital Lariboisière. Il était cinq heures du matin.

Je suis resté à l'hôpital pour une batterie d'analyses, mais je pensais à mes rendez-vous, à mon travail, à la petite Mileva que je venais d'embaucher, et la pauvre fille pleurait de se voir toute seule dans un magasin entourée de photos des plus grandes stars.

La semaine achevée à l'hôpital, le chef de service me dit :

- On va vous garder pour vous opérer.

Je lui réponds :

- Pas question, je dois finir une pièce de théâtre pour la fin du mois !

- Bon, dit-il, mais vous venez au début du mois prochain !

- D'accord !

Et je quitte l'hôpital.

En rentrant chez moi, je ne perds pas de temps : je décroche mon téléphone et parle avec Bernard Levy. Je lui explique la situation.

- Monsieur Joseph, vous avez bien fait. Nous allons prendre un rendez-vous privé avec le Professeur Gandjback ; bureau du professeur Cabrol à la Pitié Salpétrière à Paris. Et il me fait un courrier.

Je me présente à l'hôpital ; là le professeur Gandjback visionne la cassette de l'hôpital Lariboisière. Il me regarde et dit :

- Vous êtes bon pour l'opération. Avez-vous peur ?

- Non !

- Bien. La semaine prochaine, venez tous les jours, pour donner votre sang.

Quinze jours après je rentrais de nouveau à l'hôpital pour me faire opérer. Le professeur m'a demandé quel est mon métier ?

- Couturier.

- Si j'ai bien compris, je dois vous faire des coutures bien droites !

Le soir de mon arrivée, je me promenais dans les couloirs avec un jeune patient très grand. Moi avec mon mètre soixante-cinq, nous faisions un couple irrésistible. Les infirmières riaient, car nous étions en chemise de nuit, la mienne m'arrivait aux pieds, mais la sienne lui arrivait aux genoux.

Le lendemain à six heures on m'a emmené au sous-sol. La table avait des similitudes avec la chaise électrique, il y avait des ceintures partout. Je me suis assis sur la table. Une infirmière m'a allongé et tenait une seringue à la main.

- Votre nom et prénom ?

- Fragomeni Joseph…

C'est tout ce dont je me souviens. Je me suis réveillé à

quatorze heures dans une chambre. J'étais tétanisé, cousu comme un lapin farci. Ma poitrine était lardée de part en part par des drains. Des tuyaux qui allaient dans des machines montaient, descendaient et ça faisait un bruit d'enfer. Impossible de bouger, dans mon dos, c'était comme si j'avais 100 kgs de plomb.

À côté de moi se trouvait un autre opéré qui venait de la Guadeloupe. Deux heures après, le Guadeloupéen a eu une crise d'épilepsie. J'étais tout seul avec lui et ne pouvais pas faire grand-chose. Je le regardais, mais c'était épouvantable il arrachait tous les tuyaux de l'appareil, il bavait, ses testicules étaient gonflés comme des ballons. C'est là que j'ai commencé à crier. Trois ou quatre infirmières se sont précipitées dans la chambre. En voyant les contorsions de ce pauvre malheureux, elles se sont mises à plusieurs pour m'évacuer de la chambre. C'était trop tard, j'avais tout vu. Je n'ai jamais eu de nouvelles. Est-il mort ? Est-il vivant ? Je n'en ai aucune idée. Par contre, j'ai entendu ma femme parler dans le couloir :

- C'est la chambre de mon mari. Il est mort ?

Une infirmière lui répond :

- Mais Madame, ce n'est pas votre mari ! Il va très bien, on le change de chambre.

Après trois semaines de convalescence dans un centre près de Chartres, je suis rentré chez moi, très amaigri, car dans ce centre, la cuisine n'était pas à mon gout et je ne touchais guère aux aliments.

Par contre les coutures de mes jambes et de ma poitrine étaient bien droites. D'ailleurs douze ans après l'opération les cicatrices ont presque totalement disparu. Je tiens à dire que si l'opération s'est bien passée pour moi c'est aussi grâce à mon tempérament, cela compte énormément. Toujours souriant, décontracté, aucune peur, aucune crainte. Je suis allé me faire opérer comme si j'allais faire un bon gueuleton…
Quelques jours plus tard, j'ai repris le travail dans ma

boutique et le premier client a été Yves Régnier, pour une pièce de théâtre. Je lui dis :

- Ils m'ont opéré du cœur !

- Où ? Dans quel hôpital ?

Je lui indique le nom de l'hôpital ainsi que celui du professeur. Alors il se jette dans mes bras et me dit :

- Nous sommes comme des frères, c'est le même professeur qui nous a sauvés tous les deux !

Je me suis fait opérer en mai 1997 et en juillet de la même année ma fille a mis au monde mon petit-fils Fabien. En juin 1998, mariage de ma fille Florence avec Patrice. Septembre de la même année, décès de mon frère Dominique en Italie à l'âge de 63 ans. Hémorragie cérébrale. Il ne laissait pas son cerveau se reposer, il travaillait jour et nuit. Il avait une mémoire incomparable, il pouvait faire une lettre et après l'avoir scellée la réciter de mémoire. Son convoi funéraire a été suivi par des milliers de personnes.

Année 2000: fermeture du Mazarin et décès à l'hôpital de ma sœur ainée, Carmela, à l'âge de soixante-quatorze ans.

La même année, je choisis de vivre dorénavant à Lesparre, une ville magnifique dans le Médoc entre la Gironde et l'Atlantique. Je me suis très vite attaché à cette ville où je me suis fait de nombreuses connaissances. Les gens sont sympas, les médias du Sud-Ouest et du Médoc parlent souvent de moi dans les journaux. J'organise des spectacles où l'humour a toujours sa part et ça marche…

Année 2002 : décès foudroyant de ma sœur Émilia. À 13 h, elle préparait une sauce tomate. À 13h05 son fils Pino la trouve dans le coin d'une pièce accrochée à un manche à balai. Elle avait soixante-quatorze ans. Et puis, en 2007, j'ai reçu un coup de fil de ma sœur qui réside en Italie, précisément en Calabre à Siderno ma ville natale. Elle m'annonce la fin de son mari Salvatore. Elle me dit d'aller vite si je veux encore le voir avec les yeux ouverts. Je me suis précipité au pays. Arrivé sur place, tout de suite direction l'hôpital, et là surprise ! L'hôpital ferme le soir et je dois crier pour me faire entendre au premier étage où se trouve mon beau-frère. On me fait entrer et je me trouve dans un couloir avec des murs sales, pas de placard. Les gens venaient la nuit et volaient tout. Par contre dans chaque couloir il y avait un autel avec plein de fleurs et au milieu trônait une Sainte Vierge, sur un autel éclairé de bougies. Je raconte tout cela pour que le lecteur se fasse une idée des rites de la Calabre. En entrant dans la chambre de mon beau-frère, je vois à gauche accroché au mur une croix avec un Christ en face, deux grandes fenêtres ouvertes : à droite deux lits. Salvatore, mon beau-frère est un jeune accidenté, renversé par une voiture alors qu'il effectuait son footing. Je me suis approché de lui pour voir s'il me reconnaissait. Mais il était cloué dans son lit, la bouche ouverte, les yeux fermés. Il ne reconnaissait personne. Aucune infirmière dans les parages, il était jaune comme un citron. J'ai essayé de lui parler, mais aucune parole ne sortait de sa bouche. Ma sœur qui était à son chevet lui dit :

- Salvatore ! Joseph est venu de France pour te voir avant qu'il ne soit trop tard.

Il ne répondait pas ; c'était la fin. Une de ses filles a appelé une infirmière pour qu'on lui donne de l'oxygène, car dans le mur, pas de téléphone, et pas d'oxygène. L'infirmière arrive avec une énorme bouteille. Elle lui branche des tuyaux dans le nez pour qu'il respire, mais il s'étouffait de plus en plus. C'est sa fille Graziella qui s'est rendu compte que la bouteille était vide. L'aiguille était toujours sur le zéro. L'infirmière tout à fait calme descend pour chercher une autre bouteille afin de le réanimer. De toute manière c'était un mort-vivant. Il avait des plaies derrière la tête et sur la langue. Soudain une autre de ses filles arrive : Pratizia.

Fervente catholique qui donne beaucoup d'argent à l'église et aux pauvres. Elle entre dans la chambre avec un curé pour lui donner les Saints Sacrements. Toutes les personnes présentes, au moins une dizaine, ont fait un cercle autour de Savatore. Il y avait plusieurs petites photos de la Sainte

Vierge collées derrière la tête du malade. Les personnes se tenaient par la main et le curé au chevet de mon beau-frère lui récitait les prières. Tout le monde lui disait :« Salvatore ! Salvatore ! Regarde ! Même Rosa de Gènova est là. Ouvre les yeux avant de mourir. »

Mais le pauvre malheureux était incapable d'ouvrir les yeux, encore moins de parler ou de reconnaître qui que ce soit. Il était complètement déshydraté : il avait du diabète et était rongé par un cancer de la prostate, le foie était atteint, il vivait avec une pile dans le cœur et une grosse hernie. L'hôpital ne disposait même pas même d'insuline. Il n'avait presque plus de tension. Une infirmière du 3e étage qui faisait partie de ma famille est descendue après son heure de travail. Avec une pince et du coton, elle lui a nettoyé la bouche, car il s'était coupé profondément à force de se frotter les dents.

Enfin un médecin de l'hôpital d'une ville voisine et membre de notre famille est venu lui rendre visite. En le voyant, il a dit :

- Il faut le sortir vite de cet hôpital, puisqu'il doit mourir, je préfère qu'il meure dans mon hôpital avec toute sa dignité.

Le jour même, Salvatore se trouve dans un autre hôpital, dans la salle de réanimation avec d'autres patients en fin de vie. À l'extérieur de la salle, les membres des familles respectives se trouvaient derrière la vitre et on se serait cru au cirque. Chacun se juchait sur la pointe des pieds pour pouvoir apercevoir un peu son malade, car il y avait beaucoup de monde, et quand les grands restaient près de la cage, nous les petits on voyait les gens en pleine santé, mais par les malades. Il a encore vécu deux jours, mais au soir du deuxième jour nous sommes restés à l'hôpital de 19 à 20 h, l'heure limite des visites. Après 20 h, nous sommes rentrés à la maison, sa femme Albine, ses enfants et moi-même.

Vers 21 h le téléphone a sonné : c'était le chef de service. J'ai décroché le combiné et il m'a dit :

- Il faut venir vite !

Il ne lui restait qu'un souffle de vie. Nous avons appelé une ambulance privée pour pouvoir le ramener à la maison et vingt minutes plus tard elle était là. Nous avons signé une décharge attestant qu'il était vivant.

Mais le souffle de vie s'est éteint pendant le transport.

Évidemment, nous avons téléphoné à un médecin pour signer le constat de décès . Nous n'étions même pas arrivés à la maison que le médecin était déjà là avec l'employé des pompes-funèbres pour nous demander quel genre de cérémonie nous souhaitions.

Le salon était déjà prêt, des chaises tout autour et toute la famille assise. Le centre du salon était vide. C'est là que commence la mise en scène ; les trois infirmiers sont passés devant toute la famille, tenant le défunt comme un épouvantail (tout se balançait la tête, les jambes, les bras) afin de le déposer dans une pièce pour l'habiller. Cette chambre m'avait été attribuée durant mon séjour. En attendant dans le salon, le maître de cérémonie ne perdait pas son temps. Il a placé tout d'abord une énorme croix avec au milieu un Christ, mit un tapis sur le sol et des tréteaux en bronze. Il a placé le cercueil sur les tréteaux et, au fond de la bière, ils ont mis tous les vêtements du mort. Ensuite, il a demandé si quelqu'un voulait l'habiller ! Mais personne ne s'est porté volontaire. C'est un infirmier qui l'a habillé avec le costume que la famille avait préparé, mais il avait oublié les chaussettes. En attendant, le maître de cérémonie prenait commande des fleurs et des affiches pour les placarder sur les murs de la ville le matin avant 10 h comme c'est la coutume en Calabre.

Le lendemain matin, je cherchais mes chaussettes, mais pas moyen de les trouver. J'ai eu l'idée de soulever le bas de pantalon du mort. Elles étaient là, le maître de cérémonie m'avait piqué mes chaussettes pour les lui mettre au pied.

Nous l'avons veillé toute la nuit. Le matin un défilé de personnes venues apporter des cadeaux. Le cafetier : qui pourvoyait en bouteilles, chocolat, croissants, etc… était aussi présent. Cela a duré trois jours. Vers dix heures, le curé est arrivé et a chanté pendant une heure. Il chantait tellement faux que tous les hommes sont sortis pour se détendre. L'enterrement a duré une journée, mais le deuil une semaine pendant laquelle les gens venaient avec de petits présents. Il faut dire qu'il y avait des milliers de personnes à l'enterrement, car son gendre était le maire de la ville. Mes neveux sont tous des notables, professeurs, avocats et médecins. En Calabre, personne ne doit manquer de respect si vous voulez avoir une bonne note dans votre vie future.

Je voudrais dire également que nous sommes en 2007 et que tout ceci se passe à Siderno dans ma ville natale au centre de la Calabre. Siderno qui n'était qu'une petite ville côtière du sud de l'Italie, assez pauvre, est devenue, en quelques années une station balnéaire relativement convoitée par les touristes venus chercher soleil et repos sur les plages non encore bondées. Siderno doit en majeure partie son expansion à son ex-maire Domenico Panetta, qui se trouve être également mon neveu par alliance et qui par des appuis politiques en haut lieu a pu donner prospérité et attraction à cette ville modeste. Pour la petite histoire Domenico Panetta après avoir fait campagne (lui et Gina Lollobrigida) pour le président Prodi, Domenico a voulu se présenter comme sénateur pour le sud de l'Italie. Malheureusement, un courrier est arrivé chez lui avec deux balles de pistolet dans l'enveloppe et une lettre lui disant que s'il tenait à la vie de son fils de seize ans il ne devait pas se présenter comme sénateur.

Voilà un aperçu de la mentalité Calabraise. Les hommes veulent vivre libres, mais ils n'en ont pas le droit.

Dans ma vie, j'ai eu aussi une profonde pensée pour la politique, mais quand on est commerçant on n'a pas le droit d'étaler ses opinions. Aujourd'hui je suis libre… libre d'exprimer mes idées. J'ai connu la France sous le Général de Gaulle. À cette époque, un étranger devait se tenir à carreau ! Nous étions des « invités» et il fallait respecter la convivialité d'un pays qui nous ouvrait les bras et nous accueillait, nous les émigrés en quête d'un certain idéal et d'horizons plus riants. Un de mes beaux-frères, maçon, avait signé un contrat de travail. Mais il avait dû laisser sa femme et ses enfants en Italie et n'a eu le droit de les faire venir que quatre ans après, une fois ses revenus assurés, et un appartement en poche. À cette époque, les filles comme les garçons pouvaient se promener librement de jour comme de nuit, sans craindre la moindre agression. Tout le monde travaillait, car on n'avait pas le droit de refuser un travail que ce soit votre métier ou pas. Il fallait travailler. Moi, j'étais couturier, mais j'ai travaillé trois ans sur chaîne chez Philips. Cela m'a permis de vivre en attendant de pouvoir exercer le métier qui était le mien et je n'en suis pas mort !

Pour moi, la France est le pays le plus beau de la terre. Il n'y a pas un seul nom qui résonne mieux que celui de « France ». Moi, un étranger, j'ai toujours aimé la France plus que moi-même. J'ai renié mon pays natal pour l'amour de la France. Quand j'entends l'hymne national « La Marseillaise », tout mon corps tressaille et je me sens remué de l'intérieur.

Un seul conseil que je voudrais donner à ceux qui nous gouvernent pour sauver une certaine frange décadente de cette jeunesse qui refuse d'intégrer les lois de la République, c'est d'ouvrir des maisons de correction qui auraient pour vocation d'apprendre un métier à ces jeunes. Selon moi, c'est le seul moyen de les sauver et de leur permettre d'acquérir leur indépendance, à la sortie de cette école musclée.

Un seul ministre a eu une bonne idée, que les syndicalistes extrémistes ont récupérée. Il s'agirait du C.P.E. « Contrat Première Embauche » je pense que c'était là une véritable occasion pour un jeune de démarrer dans la vie et d'acquérir une certaine expérience.

Moi-même, j'ai démarré avec de petits boulots et j'ai persévéré jusqu'à avoir un véritable emploi. Je pense que ne connaître qu'un seul emploi dans la vie n'est pas une réussite totale !

CHAPITRE XIV
- LE FIL ROUGE DU MÉDOC-

Mais voilà l'an 2000, l'année où je pensais prendre une retraite paisible, mais les choses se sont présentées différemment. J'étais loin de penser que j'allais connaître une quatrième vie après avoir connu la première de dix à vingt ans, l'apprentissage pour avoir un métier : la deuxième vie de vingt à trente ans où j'ai connu tous les petits boulots ; la troisième de trente à soixante, la réussite que tout le monde m'a enviée.

Par mon métier, j'ai connu les plus grands de ce monde et à soixante ans révolus, je me suis dit : à présent je peux raccrocher. Mais le destin m'a choisi pour aider les autres et faire du bénévolat.

En effet, en quittant Paris je suis arrivé à Lesparre, sous-préfecture du Médoc. Mais l'ennui m'a pris, et je me suis fait des relations comme François Sauquet, Franck et Jacqueline Scotto, Gérard Ségatti, un grand publiciste parisien qui m'a aidé à trouver des contacts avec le public. Je cite aussi Alain Geneste chanteur, musicien et présentateur de spectacle, c'est lui qui m'a donné l'idée de créer une Association et qui m'a soufflé le nom « Le Fil Rouge du Médoc ».

Cette Association qui est également le fil de l'amitié et du cœur consiste pour moi à donner des cours de coupe et de couture afin de réaliser des costumes d'époque, essentiellement moyenâgeux. L'idée est d'organiser des carnavals à Lesparre, cette cité qui possède des vestiges historiques intéressants et notamment une tour magnifique autour de laquelle se déroulent les manifestations de la ville.

Pour commencer, j'ai eu de nombreux adhérents, mais les caisses étant vides, j'ai eu l'idée de monter des spectacles dans la Salle Communale « François Mitterrand » C'est une grande et belle salle, avec une vaste scène et des loges bien équipées pour les artistes.

Dès que j'ai vu ce théâtre, je n'ai pas hésité un seul instant et j'ai créé mon premier spectacle : un défilé de vêtements recyclés, cousus par de jeunes filles du Lycée Odile Redon de Pauillac où j'allais de temps en temps donner bénévolement des cours de couture et suggérer quelques idées.

Me voilà sur scène. Avant de faire mon défilé de robes recyclées, je me suis servi de papier journal, de sacs poubelles, de papiers de bonbons, d'enrobages de canettes de Coca-Colla. J'avais organisé un spectacle de variétés avec des personnages comme Fabrice et Véra de Couquèques qui tiennent un cabaret de transformistes très connus localement. Fabrice interprétait Dalida, frappant de vérité, et Véra, Édith Piaf aussi vraie que nature. Les chanteurs, David Nemetz, qui imite Gilbert Montagné était également parfait. La salle était comble, le succès certain.

C'est à partir de ce moment-là que je me suis découvert une vocation de metteur en scène. J'ai donc continué à monter d'autres spectacles comme « Les Marquises du Roi Soleil », très applaudi par le public et les médias comme le Sud-Ouest et le journal du Médoc. J'ai également organisé des concours de mannequins, le concours de la Reine de la Tour de Lesparre ; tout cela avec succès.

C'est ainsi que j'ai découvert dans le Médoc, de belles jeunes filles, fières de défiler. Mon dernier spectacle, la « Révolution Française », m'a donné beaucoup de travail. Car outre la mise en scène, il a fallu écrire les dialogues

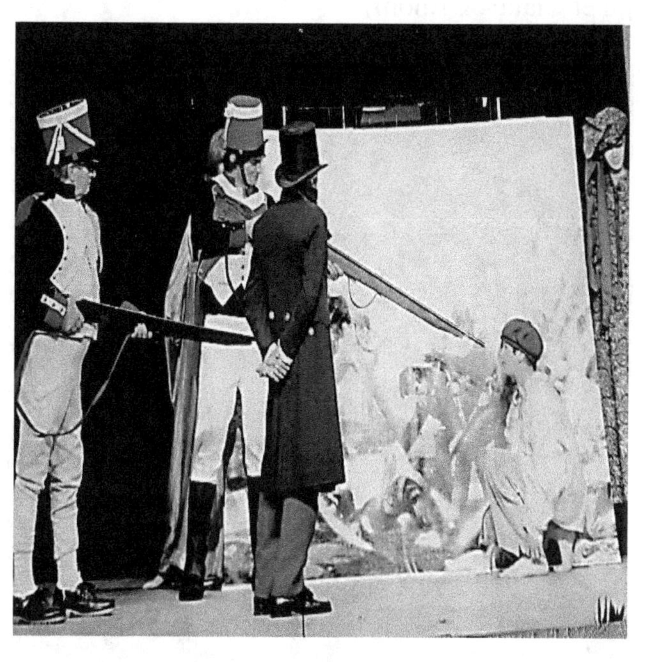

LA RÉVOLUTION FRANÇAISE
Mise en Scène Joseph FRAGOMENI

pour trente-trois comédiens, et réaliser les costumes (entre autres Louis XVI, Napoléon et Joséphine). En première partie j'ai donné « Le Kid » joué par Sara Laporte et Florentin en Charly Chaplin ; une pure merveille. Les spectateurs avaient la larme à l'œil et j'ai fait venir de la région parisienne deux imitateurs d'Adamo et Renaud (Joseph et Claude Ordioni).

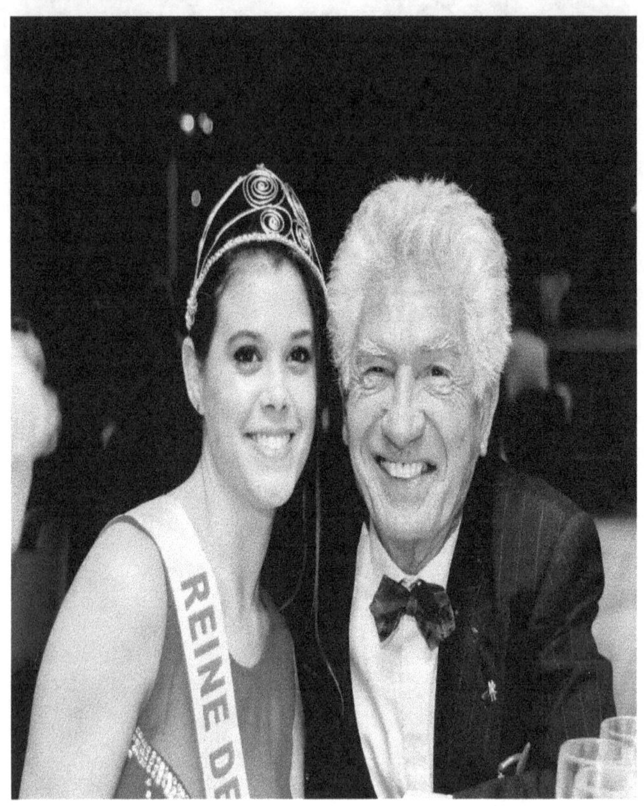

La REINE des VENDANGES GABRIELLE et FRAGOMENI

Je continue à faire des spectacles. Les médias qui me sollicitent régulièrement ont écrit des dizaines d'articles sur la vie de « Mazarin » et la vie associative de Lesparre. C'est à partir de 2010, à Lesparre que j'ai présenté au mois de mars un défilé des années folles à l'époque du Charleston : 1926 ; à la salle François Mitterrand. Ce splendide défilé s'est déroulé au cours d'un délicieux repas, dans une salle archicomble. Nous avons malheureusement été obligés de refuser du monde ! Notre Maire était radieux. À sa table, présence de Mme la députée Pascale Got et du sous-préfet Olivier Delqueyrou, qui tous trois m'ont confié, ne s'être jamais autant amusés à l'occasion d'une invitation officielle. La soirée avait commencé par un spectacle de variétés avec notamment des transformistes du fameux cabaret le Saint Sabastien de Couquèques, situé en plein milieu des vignes du Médoc. Un « Must » absolument à voir pour celui qui ne connaît pas encore cette région. Le spectacle terminé, j'adressais un petit mot à mon amie Geneviève de Fontenay, pour lui demander, si elle voulait bien me faire l'amitié de venir présider et organiser l'élection de Miss Médoc à Lesparre. La réponse fut immédiate : oui dit-elle, avec une grande joie. À partir de ce moment, je me mis fébrilement à la recherche des plus jolies jeunes filles du Médoc. Un énorme travail, je mis un maximum de Médias à contribution. Un mois plus tard, je me trouvais à la tête de quinze jeunes filles, toutes plus belles les unes que les autres. Chacune représentant un village du Médoc. C'est ainsi que le dimanche 21 août, à 15h, à Lesparre, un spectacle unique fut offert aux Médocains.
Après la présentation par Alain Geneste, d'un spectacle de variétés de qualité, s'en est suivi le « Show » proprement dit de G.Fontenay, avec son animateur « maison », Jean-Marc Desbois, personnage bien connu des amoureux du tour de France, qui anime le village du Tour à l'arrivée de chaque étape. Cette année-là, le Tour passait d'ailleurs à Pauillac. Son épouse Annick réglait la chorégraphie de nos Miss. Notre maire Mr Bernard Giraud, tellement enthousiaste, monta sur scène, à côté de Geneviève de Fontenay, avec toutes les Miss, et moi, petit coq tout tremblotant. Il s'engagea devant tout le public pour m'assurer de son soutien et de celui de toute la municipalité pour les élections à venir en Médoc, à Lesparre.

Cette démonstration terminée, je me réfugiai précipitamment en coulisse, pour y verser ma petite larme, et le spectacle continue... continue... !

CHAPITRE XV
-SPECTACLE ET MISE EN SCÈNE-
- MUSÉE MAZARIN-

C'est à partir de 2010, après l'arrivée de Mme de Fontenay, que j'ai réalisé deux spectacles par an à Lesparre. En juillet les Miss Médoc et en octobre un spectacle de variétés. De 2010 à 2016, Mme de Fontenay était présente pour assurer le spectacle, en effet elle avait une prestance unique, toujours habillée en noir et blanc, mais sa marque de fabrique, c'était son chapeau noir avec un liseré blanc et sa tenue assortie. Elle avait toujours un petit mot gentil pour tout le monde, et surtout son grand sourire. Elle portait un rouge aux lèvres éclatant ; elle est restée à mes côtés six ans sur scène. Après le spectacle qui se terminait le dimanche soir à dix-neuf heures, on s'attardait au bar de la salle autour d'une coupe de champagne avec tous nos amis et finissions la soirée pour dîner dans un beau château avec tous les membres de l'association du Fil Rouge du Médoc.

Le lendemain, j'accompagnais à Bordeaux, Mme de Fontenay, afin qu'elle retrouve la capitale, Paris. C'est en 2016 que Mme de Fontenay assistera pour la première fois, à Lesparre à l'élection de Miss Prestige Médoc. Certains conseillers de la ville ont estimé que six ans de présence étaient suffisants.

La même année après le départ de Mme de Fontenay, j'ai été contraint de trouver un nouveau spectacle, c'est à ce

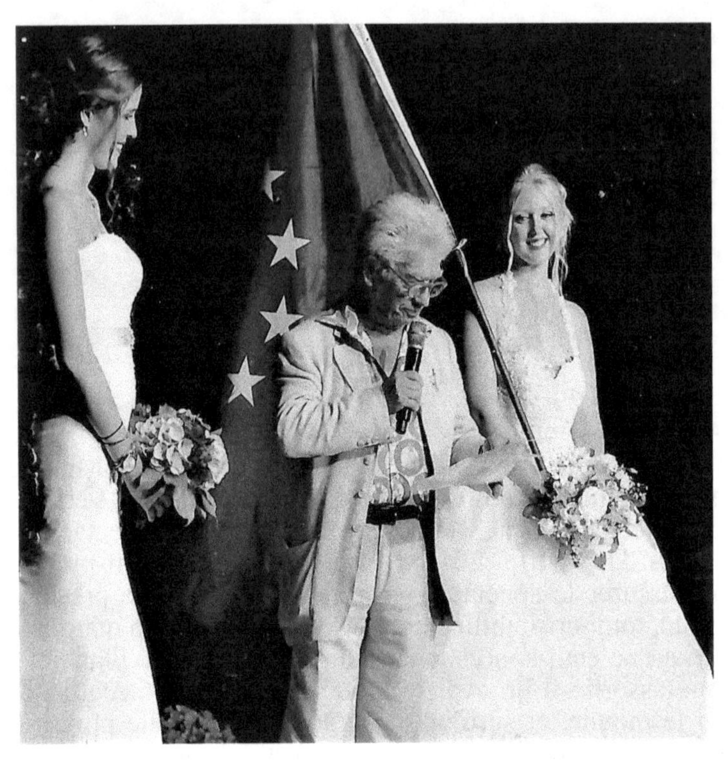

Joseph FRAGOMENI et des TOPS-MODEL

moment-là qu'il m'est venu l'idée de faire une nouvelle création. « Les TOPS MODEL du Médoc » consiste à présenter sur scène quatorze jeunes filles toutes du Médoc. L'une d'entre elles sera élue Top Model de l'année. Bien sûr seront élues également une première dauphine, deuxième dauphine, suivi du prix du jury, du prix Mazarin et celui du public. Je pense que c'est une bonne idée de faire les Tops Model, car chaque jeune fille pourra par la suite avec son diplôme se présenter dans une agence de mannequins pour figurer comme modèle pour les magasines de mode. Poser pour les photographes, sculpteurs ou peintres. Les modèles défileront sur un podium habillé d'une moquette rouge. La scène fera huit mètres de long sur deux mètres cinquante de large. En face du podium, un jury de sept personnes.
Sur scène le spectacle sera assuré par Jean-Marc Desbois, d'autres attractions seront présentées sur scène comme des transformistes, également des chanteurs comme Christophe Soriano, Yvonne Maury, elle chante à merveille des chansons célèbres de Paris, dans une salle merveilleusement décorée par Mme Jacqueline Scotto di Luzio.

En ce qui me concerne, je suis en coulisse pour habiller les quatorze jeunes filles qui défileront trois fois. La première en robe longue, la seconde en maillot de bain une pièce, la troisième en robe longue de haute couture. Elles se présenteront micro à la main, face au public et au jury. Bien sûr le plus difficile pour les jeunes filles, l'attente sur scène avant l'arrivée du Maire de la ville et d'autres personnalités, les enveloppes à la main pour élire la Top Model de l'année. Bien sûr, il y a souvent les larmes du côté des perdantes, mais surtout de la gagnante.

Aussitôt le spectacle terminé, je rentre chez moi pour commencer à réfléchir au spectacle de l'année suivante, je tiens à dire que présenter un spectacle, ce n'est pas chose simple. Voici les détails, tout d'abord, il faut se mettre à la recherche des quatorze jeunes filles du Médoc, avec des critères bien précis de grandeur taille et photogénie. En suite il faut un présentateur, une chorégraphie pour apprendre aux jeunes filles à défiler pendant quatre heures. Se rendre à Paris pour sélectionner quatorze robes de haute couture, chaque robe doit correspondre à chaque modèle. Également

trouver les chapeaux, et contacter une fabrique allemande pour les maillots de bain. Il faut trouver un spécialiste de la sonorisation, car elle doit s'adapter au défilé de mode. Il me faut un spécialiste de l'éclairage, pour cela je fais appel à mon ami Mao, un vrai médocain. Ainsi que de faire sculpter le trophée pour la gagnante, pour cela c'est le sculpteur Pakau de Lesparre.
Je dois préparer le programme de tout le spectacle, toutes les affiches, et m'adresser aux médias pour la publicité : le journal du médoc, sud-ouest, radio Aqui FM et France bleue gironde. Il faut aussi réunir tous les membres de l'association du Fil Rouge du Médoc, pour être assuré de remplir la salle François-Mitterand de Lesparre ce qui est ma plus belle récompense. Tout cela pour le spectacle de juillet.
À cette occasion, je tiens à remercier les membres fidèles du Fil Rouge depuis 2007 : Joël Cazaubon et Murielle, Jacqueline Scotto, Jean-Claude Laparlière, Jean-Marc Mas et sa femme, Jean-Marie Mas et Monique, Gisèle et Gilles Coutreau, Mr, et Mme Chouard. Et surtout, je tiens à remercier ma femme Maryse qui m'a soutenu dans ce projet.

Un deuxième spectacle est présenté en général en octobre. C'est souvent des variétés de comique unique dans le Sud-ouest. Mais le plus important c'est Jean-Marc Desbois qui présente des spectacles à lui seul. Je me souviens du dernier spectacle qu'il a présenté en 2020, où il a chanté le répertoire de Charles Aznavour dans une salle à guichet fermé.

J'ai également fait monter sur scène à Lesparre le grand imitateur Didier Gustin très connu à la télévision. Ainsi qu' Olivier Lejeune, metteur en scène et chansonnier français. Sans oublier mon ami Popeck qui a rempli la salle François-Mitterrand de Lesparre.

Je remercie particulièrement, Mr le Maire Bernard Guiraud qui n'a jamais manqué un spectacle, et il m'a aidé financièrement à créer mes spectacles. Je remercie également infiniment mon amie Amarande qui à bien voulu

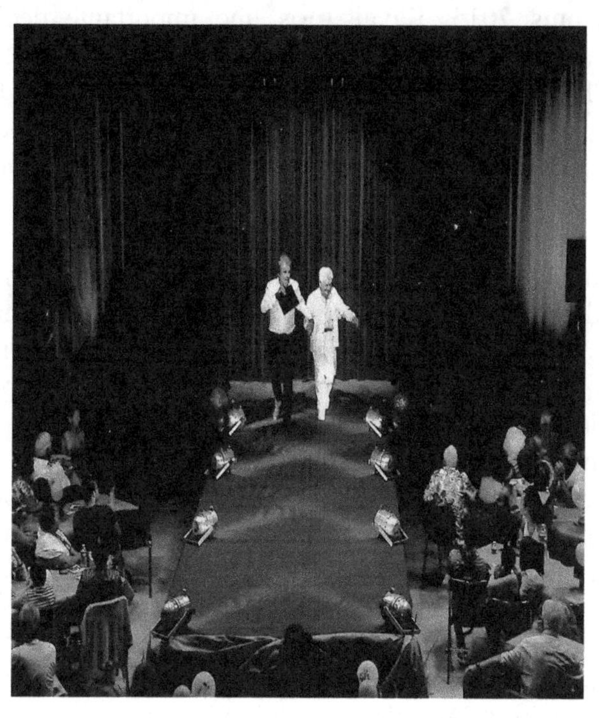

Jean-Marc DESBOIS et FRAGOMENI

salle François-Mitterrand .

venir à Lesparre présenter le spectacle « L'Amant de cœur ». Les Médocains ont été ravis du talent de cette artiste parisienne connue notamment pour ses pièces passées à la télévision et en particulier « Au Théâtre ce soir » .

Mais depuis 2015, j'avais pris une importante décision, fonder un musée de l'art du costume de 4000 ans avant Jésus-Christ jusqu'aux Années folles. J'ai voulu faire treize tableaux ou fresques représentant ses époques dont chacune était représentée par dix à onze personnages grandeur nature.

La première scène représente Vercingétorix déposant les armes devant Jules César en l'an 52 avant Jésus-Christ à Alésia. La majeure partie de ces 140 personnages ont été réalisés par Mazarin, d'autres ont été réalisés par les petites mains de l'Association Le Fil Rouge du Médoc dont il est le président. D'autres costumes proviennent d'achats à des collectionneurs particuliers, on peut citer la robe de Joséphine de Beauharnais qui a figuré dans le film noir et blanc et muet du grand Abel Gance en 1926. Vous trouverez dans ce musée une originalité unique en France.

Ce musée a été réalisé à Lesparre grâce à Mr Bernard Guiraud maire de la ville, c'est lui qui a eu l'idée de donner le nom « Palais du costume Mazarin » .
J'ai décidé quand je ne serai plus là d'en faire don à la ville de Lesparre.

Dans ce musée, il y a des costumes de trois pièces de théâtre, que j'ai réalisés en tant que metteur en scène : Les Misérables, La Révolution française, et le Conte de Monte-Christo. Dans ce musée, vous pouvez voyager pendant une heure et admirer les treize scènes : comme l'Antiquité, Le Moyen-Âge, La Renaissance, La Régence, Le Rococo, L'Empire, Les Misérables, La Révolution française

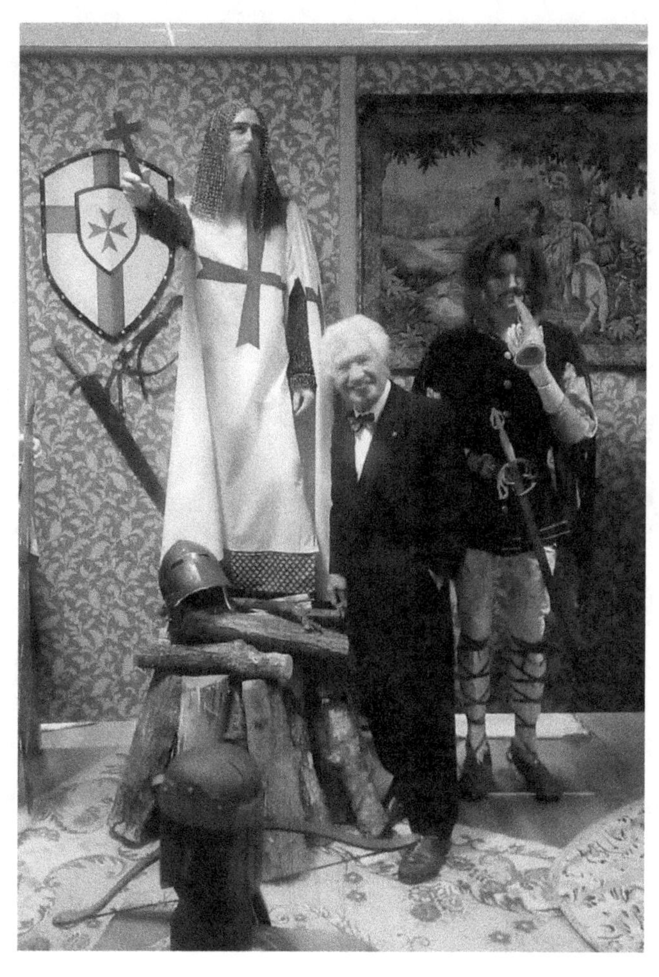

Musée MAZARIN, Joseph FRAGOMENI
devant Jacques de MOLAY.

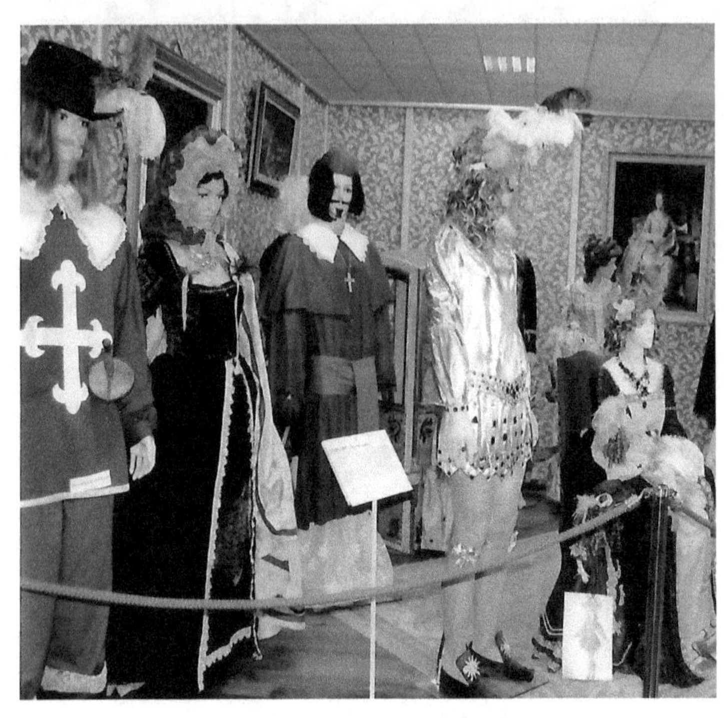

D'ARTAGNAN LOUIX XIV Musée MAZARIN .

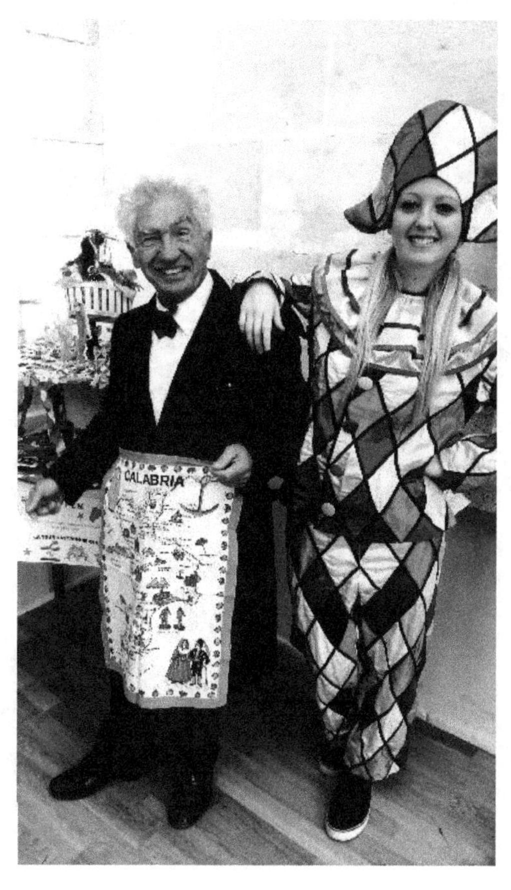

Joseph FRAGOMENI Musée MAZARIN .

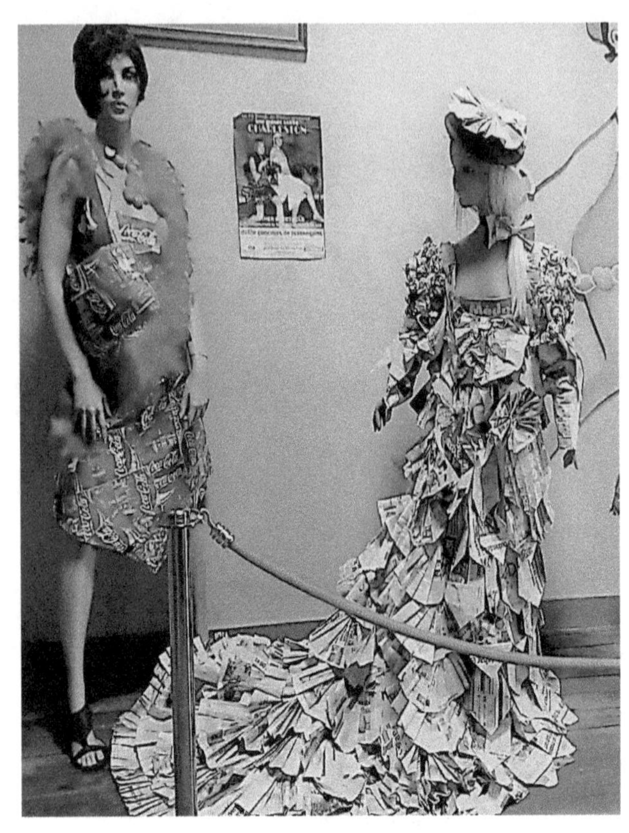

Costumes en papiers recyclés.

L'Époque romantique 1900, La Commedia dell'arte, Les Années Folles, Les incroyables et les Merveilleuses. Ainsi que des scènes hétéroclites de costumes recyclés.

J'ai voulu réaliser ce musée pour montrer la détermination d'un enfant aux pieds nus. Quand on veut, on peut ; je voudrais dire aux enfants misérables de ne pas se désespérer, patience et volonté, vous pouvez arriver.

J'ai la joie et le plaisir de vivre dans cette belle région du Médoc, où il fait bon vivre, entre la gironde et l'atlantique. Mon dernier souffle restera dans la ville de Lesparre.

Cette autobiographie n'est pas toute la vie de Mazarin, mais un petit récit que je dédie à mes petits enfants, Amélie et Fabien, afin qu'ils puissent garder un peu de la mémoire de leur grand-père et qu'ils suivent avec courage et détermination l'exemple d'une certaine volonté et le goût de la réussite dans la vie.

Je suis arrivé au terme de mon livre, mais je sens encore le puissant désir d'écrire ce que je ressens la nuit, quand mes yeux sont clos. Mon cerveau est comme un interrupteur, le jour il est éteint, et la nuit il s'éclaire.

Oui, c'est la nuit que j'ai envie de refaire le monde. Je suis arrivé à mes 80 printemps et pourtant, en fermant les yeux, je m'évade et me voici redevenu le petit apprenti de dix ans. Oui, j'ai toujours été avide de connaissances et d'expériences, souvent envieux du savoir-faire des autres. C'est pourquoi j'ai toujours aimé la création de la couture, de la sculpture, de la poésie. Je suis resté un enfant à la recherche de l'art, toujours à l'écoute des autres.

C'est une phrase que j'ai adressée à mes petits enfants, je voudrais leur dire que dans la vie, il y a des choses importantes qui ne coûtent pas cher et sont indispensables dans la vie professionnelle. Par exemple : savoir dire « bonjour », « au revoir » et « merci », suivi d'un petit sourire « façon Joconde ».

Un philosophe grec a écrit :

« Si vous voulez que l'on vous écoute, écoutez les autres. »

Salut l'Artiste !

LIBRAIRIES ON LINE

COMMANDER SUR INTERNET
LES LIVRES ET E. BOOKS DE JOSEPH FRAGOMENI

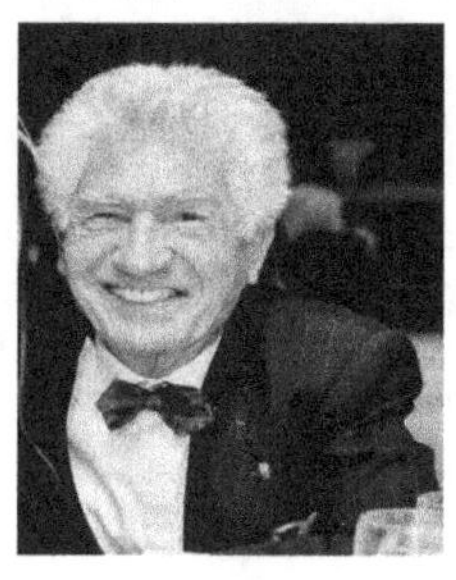

AMAZON.COM
AMAZON.FR
AMAZON.CO.UK
FNAC.COM
LIBRAIRIE-GALLIMARD.COM
EUROLIVRE.FR - LESLIBRAIRES.FR
PRICEMINISTER.COM - LIBRAIRIEDIALOGUES.FR
OMBRES-BLANCHES.FR
ARMITIÈRE.COM - DECITRE.FR
LE-PAREFEUILLE.COM - CULTURA.COM
EUROLINE.FR - PARISLIBRAIRIES.FR
BARNESANDNOBLE.COM
BOOKDEPOSITORY.COM
BOOKSHOP.BLACKWELL.CO.UK
ABEBOOKS.FR - QUAI DES MOTS.FR
VAUBAN.FR - KOBO.COM
GOOGLE.FR

Remerciements

JE TIENS À EXPRIMER TOUTE MA RECONNAISSANCE AUX 220 ARTISTES ET À TOUTES LES STARS QUE J'AI CÔTOYÉES ET HABILLÉES TOUT AU LONG DE MA VIE. À MA FEMME MARYSE POUR SA PATIENCE, AINSI QU'À GÉRARD SEGATTI ET MICHEL RIGEL POUR LA RELECTURE DE CE LIVRE.

NOTES

www.ingramcontent.com/pod-product-compliance
Lightning Source LLC
LaVergne TN
LVHW050537160826
845677LV00011B/2076

* 9 7 9 8 3 6 8 1 5 7 1 9 1 *